Los 8 Pilares de Marketing en las Redes Sociales

Por: Matthew Bartnick

© Copyright 2018 por Matthew Bartnik- Todos los derechos reservados.

Contenido

Introducción 6
Características Comunes De Las Redes Sociales   9
¿Quién Usa Las Redes Sociales?   10
¿Por Qué La Mercadotecnia En Las Redes Sociales Es Importante? 16
Fácil De Alcanzar   18
Un Diseño Diverso   19
Una Forma Preferida De Buscar   20
La Interactividad Es Clave   21
Siempre Evolucionando   23
Primer Pilar: Creando Tus Metas 24
Conectando Personalmente Con Tu Audiencia: Mostrando Tu Lado Humano   25
Mejoramiento Del Reconocimiento De Marca 26
Aumentar La Lealtad Hacia Tu Marca   28
Convertir Más Personas   29
Generar Más Tráfico   30
Mantener Tus Costos De Comercialización Bajos 32
Usar Un Buscador   33
Segundo Pilar: Encontrar Tu Mercado Objetivo 36
Textos De Mercadotecnia (Copy) Y Pitches   37
Tercer Pilar: Optimización De Tu Sitio Web Para Lograr Tus Objetivos   39
Identificar Y Crear La Estrategia De Palabras Clave

39

Lsi - Indexación Semántica Latente   43

Optimiza Tu Sitio Web   45

Mercadotecnia De Contenidos   56

Cuarto Pillar: Encontrar Las Plataformas Adecuadas Para Ti 64

Considerar La Audiencia Objetivo   66

Con Qué Frecuencia Las Personas Usan Las Redes Sociales   67

Analizar Lo Que Hacen Tus Competidores   68

Pensar En El Contenido Que Quieres Crear   68

Examinar El Formato De Tu Contenido   69

Ten Cuidado Al Lanzar Tus Campañas 70

Mercadotecnia De Facebook   73

Por Qué Tiene Sentido   74

Mercadotecnia En Facebook   77

Mercadotecnia De Linkedin   82

Mercadotecnia En Las Redes Sociales, Estilo Linkedin 83

Mercadotecnia De Google +   87

Mercadotecnia En Instagram   90

Mejores Practicas   92

Mercadotecnia De Youtube   94

Visibilidad De Video   96

Mercadotecnia De Twitter 98

Mercadotecnia En Twitter   99

Relaciones Públicas

Mercadotecnia De Pinterest   105

Mercadotecnia De Tumblr   108

Cuarto Pilar: Mantener La Imagen De Tu Marca Consistente 110

Quinto Pilar: El Seguimiento De Tu Competencia 113

Sexto Pilar: Subcontratación (Outsourcing) Y Gestión Del Tiempo 117

Por Qué No Puedes Hacer Nada   120

Subcontrata Subcontrata Subcontrata: 126

Séptimo Pilar: Valora Primero, Dinero Después 129

El Contenido Es Importante   131

Octavo Pilar: Cambia Constantemente 135

Bonus (Financiación Colectiva) 138

Conclusión 143

Introducción

Solía pasar que las pequeñas empresas no podían competir contra las grandes empresas en el mismo mercado de una manera efectiva porque no podían darse el lujo de anunciar sus productos o construir una marca adecuadamente debido a los gastos involucrados. Esos días han quedado atrás. Esos fueron los días de la publicidad televisiva y de la publicidad impresa en periódicos y revistas, e incluso comerciales de radio.

La publicidad ha cambiado por completo. No ves a grandes compañías apresurarse para tener sus anuncios en la televisión, o buscar espectaculares en la ciudad. Ahora aspiran a llegar a sus clientes de manera contemporánea. Como sabes, hoy en día la gente obtiene la mayoría de sus noticias en línea, y las conversaciones sobre los temas más candentes tienen lugar en pequeños grupos en línea, foros y secciones de comentarios de sitios web. Las compañías exitosas ni siquiera necesitan buscar espacio en la radio o la televisión, y las redes sociales se han convertido en la herramienta de mercadotecnia más poderosa que existe. Pero entonces, probablemente ya lo sepas, y la gran pregunta no es qué beneficios aportan las redes sociales, sino cómo utilizar las redes sociales para aprovechar todos los beneficios que ofrecen a los pequeños negocios y grandes empresas por igual.

Como regla general, no debes simplemente sumergirte en las redes sociales con la intención de promocionar tus productos o crear una marca; necesitas una planificación adecuada y una hoja de ruta para lograr los resultados finales. Es como ir a una ciudad desconocida sin un mapa y tratar de explorar todo en un día. ¿Te suena factible? Primero debes averiguar cómo ejecutar tu plan para garantizar el éxito. Muchos comercializadores hoy en día cometen errores de los que nunca se recuperan; no debes unirte a esta estadística.

¿Qué queremos decir con la frase "redes sociales"? Si bien el significado puede parecer obvio, probablemente no tengas una definición específica de lo que significa. La Escuela de Música de Yale ha definido las redes sociales como sitios web y aplicaciones que permiten a los usuarios de Internet crear, acceder y compartir una amplia gama de contenido y participar activamente en las redes sociales. En pocas palabras, las redes sociales son una plataforma que permite a los usuarios comunicarse. Esta comunicación puede tomar muchas formas, como agregar comentarios, crear texto, cargar videos e imágenes, e interactuar con lo que otros tienen que compartir.

Las redes sociales incluyen marcadores sociales, wikis, compartición de videos y fotos, y noticias sociales, por mencionar solo algunos. El trayecto para establecer una plataforma interactiva tan poderosa y potente ha sido largo e intensivo, pero ahora está maduro para que aproveches y alcances a las masas que son innegablemente adictas y que devoran cada vez más vorazmente el contenido. ¡Verás su verdadero potencial muy pronto! Si aún no estás seguro de por qué necesitas aceptar las redes sociales como una plataforma de mercadotecnia y branding, quizás necesites una ilustración más detallada de por qué es el mejor lugar para encontrar e involucrar a tu público objetivo y aprovechar la ola de participación para hacer que tu negocio crezca.

Este libro será la guía completa de mercadotecnia en las redes sociales que siempre has necesitado para dominar, manipular y controlar las redes sociales, incluidos Facebook, Twitter, Instagram, YouTube y LinkedIn. Aquí los capítulos están estructurados para que te resulte más fácil comprender el por qué y el cómo de la mercadotecnia en las redes sociales, y para convertirte de un empresario novato con poco o ningún conocimiento de las redes sociales a un gurú de la mercadotecnia y branding capaz de formular y ejecutar estrategias ganadoras de mercadotecnia para el emprendimiento rentable.

Características comunes de las redes sociales

¿Qué conecta las diferentes plataformas de redes sociales? Como regla general, todas contienen varias características variables que se presentan de manera diferente de una aplicación a otra; no obstante, siguen siendo familiar para la mayoría de los usuarios. Las tres características esenciales se enumeran a continuación.

Página del perfil: es la parte esencial de una plataforma de las redes sociales, ya que esta es la forma en que el usuario crea contenido e interactúa con otros. Por lo general, contará con una foto, así como una pequeña descripción. La profundidad de estas descripciones y perfiles varía. Facebook tiene un perfil relativamente extenso, con información sobre tu educación y miembros de tu familia y similares, mientras que Instagram solo te permite una descripción de 140 caracteres debajo de tu nombre. Por supuesto, esto depende de qué tipo de página estemos hablando. Si se trata de una página de negocios, un grupo o un "lugar", la información presentada puede variar. La página del perfil, o la página de inicio de tu perfil (ya sea personal o de otro tipo) es increíblemente importante porque aquí es donde el visitante decide hacer clic para obtener más información, o abandonar tu perfil y continuar con la siguiente cosa. Si no captas su atención y no ganas su interés aquí, es poco probable que los conviertas en otro lugar.

News feed: para ver lo que están publicando tus amigos y las páginas que estas siguiendo, tendrás que revisar el news feed. Actualizado en tiempo real, tu suministro de noticias incluye publicaciones de colegas y empresas, a las que generalmente puedes darle "me gusta", comentar o incluso compartir. Si bien las diferentes redes tienen diferentes nombres para las publicaciones (por ejemplo, Twitter hace referencia a compartir un post como un "retweet"), la idea fundamental es la misma.

Hashtag: Aunque puedes ver fácilmente el contenido de tus amigos en tus feeds, el hashtag permite a los usuarios conectar su contenido globalmente con un simple símbolo "#". Por ejemplo, si un usuario tiene una actualización de estado de una buena comida de un restaurante específico, puede crear la actualización de estado y etiquetarla con el nombre de la marca, es decir, #DominosPizza o #McDonalds, permitiendo así a otros usuarios buscar la marca y ver la publicación. Los hashtags han sido una de las formas más efectivas de lanzar campañas y conectar a los usuarios con un tema de discusión.

¿Quién usa las redes sociales?

Solía ser una regla general que solo las generaciones más jóvenes estaban involucradas en las redes sociales. Sin embargo, muchas cosas han cambiado desde los primeros días de la creación de Facebook de Mark Zuckerberg, que alguna vez estuvo restringido solo a estudiantes universitarios. Los adultos y los niños se están sumando a los perfiles de los usuarios de las redes sociales, diversificando la multitud y cambiando el campo de juego para la mercadotecnia.

Con 3.4 mil millones de usuarios de Internet en todo el mundo, 2.3 mil millones de los cuales están activos en las redes sociales, no existe un solo tipo de usuarios de las redes sociales. El perfil y la preferencia de la plataforma para usuarios individuales de las redes sociales varía en todo el mundo y depende de factores demográficos como la edad, los ingresos, la educación y el área. El usuario promedio de las redes sociales tiene cinco cuentas y dedica aproximadamente 1 hora y 40 minutos a explorar estas aplicaciones diariamente, lo que representa el 28% del tiempo que pasan en Internet.

Así que la respuesta corta: TODOS usan las redes sociales. Pero como verás a lo largo de este libro, eso no significa que todos usen las redes sociales de la misma manera. Por lo tanto, tu enfoque deberá adaptarse a la forma en que tu mercado objetivo utiliza particularmente la plataforma.

El juego de la edad

Según el aclamado Centro de Investigaciones Pew, el 74% de todos los adultos en línea usan las redes sociales desde enero del 2014. El número sin duda continúa con su tendencia creciente.

Ese número es aún mayor para los adultos más

jóvenes, con un 89% reportado de usuarios de las redes sociales entre las edades de 18 a 29 años. Mientras que la generación anterior está ganando terreno de manera lenta pero segura, la Generación Z más joven, nacida después del cambio de milenio, ya está mostrando diferentes comportamientos para el uso de las redes sociales. Los estudiantes de high school y de middle school actuales están ignorando Facebook, el cual solía ser un elemento básico para los jóvenes. En cambio, están favoreciendo cada vez más a Instagram y Snapchat. Simplemente puede ser que Facebook sea una noticia vieja y que muchas personas mayores estén usando la plataforma lo que le reste importancia al factor de que alguna vez fue "genial" y que condujo al sitio a su fama.

El juego de género

Las mujeres pueden ser de Venus y los hombres pueden provenir de Marte, y se nota en su uso de las redes sociales. Si bien las diferencias son leves, son lo suficientemente importantes como para crear las bases de un plan de mercadotecnia específico. Según un estudio de Nielsen, las mujeres están un poco más involucradas en las redes sociales que los hombres, con un 76% de las usuarias en comparación con el 72% de los usuarios masculinos. Las mujeres también pasan más tiempo que los hombres en las redes sociales, con un promedio de alrededor de 10 minutos de redes sociales en sus dispositivos móviles en comparación con un poco menos de 7 minutos para los hombres.

Las mujeres dominan la mayoría de las plataformas de redes sociales por un ligero margen. Pero superan en gran medida a los hombres en el tablero de pin digital altamente visual conocido como Pinterest. Las mujeres también tienden a publicar más en las redes sociales, llegando a tener más del doble de publicaciones en sus muros de Facebook que los hombres. Al parecer, también son más populares, con un promedio de 8% más de "amigos" que los hombres.

Los hombres, sin embargo, toman la iniciativa en el sitio de redes profesionales LinkedIn, que cuenta con el 24% de la población masculina en comparación con el 19% de la población femenina. Los hombres también están más involucrados en Reddit, y más interactivos en los sitios de redes sociales basadas en música como YouTube en comparación con las mujeres.

La estadística más interesante para las marcas que Nielsen pudo recopilar fue que las mujeres están más involucradas con las marcas que los hombres y con una importante diferencia. Más del 50% de las mujeres usan las redes sociales para mostrar su apoyo o para acceder a ofertas de marcas, lo que es sorprendentemente alto en comparación con solo el 36% de los hombres que hacen lo mismo. Las mujeres no solo confían más en las redes sociales para mantenerse al día con las marcas; pero las damas también están interactuando más con sus marcas favoritas mediante comentarios y compartiendo publicaciones.

¿Por qué la mercadotecnia en las redes sociales es importante?

Quizás puedas tener el mejor producto en tu industria. Podría ser lo mejor que se haya creado y marcaría la diferencia en la vida de alguien. Sin embargo, eso no significa que la gente verá tu creación. Tu producto o servicio puede no tener muchas ventas. Sin una mercadotecnia adecuada, nadie puede notar lo que ofreces. Para permitir que las personas vean tus productos o servicios, necesitas promover tu trabajo con una extensa campaña de mercadotecnia.

La mercadotecnia es una de las cosas más difíciles de hacer cuando se trata de dirigir un negocio. Promover tu negocio es más que simplemente contarle a la gente lo que ofreces. Necesitas que la gente sepa que existes en primer lugar. Se trata de que la gente sepa que lo que ofreces es valioso y que estás disponible para hacer negocios.

Tú quieres que la gente se entere cuál es tu producto o servicio y qué lo hace especial. Además, de decirle a la gente lo que hace que tu oferta valga la pena. Y lo que es más importante, debes diferenciarte del resto del mercado. La audiencia necesita saber por qué tus productos o servicios son diferentes de todo lo demás en el mercado.

Tienes que conectarte en línea para comercializar tu negocio. No hay otra opción. Las vías de mercadotecnia tradicionales están empezando a secarse a medida que los periódicos, y otros medios de comunicación en forma impresa ya no son tan exitosos. Es solo cuestión de tiempo antes de que el mundo en línea se convierta en el único lugar donde las personas busquen artículos de su interés.

Promover tu negocio en línea no siempre es fácil. Necesitas salir y mostrarle a la gente que tienes algo útil. Se trata de que el público sepa lo que haces y lo que les ofreces.

A menudo es un desafío hacerte visible en línea. Es posible que tengas la mejor idea de negocios del mundo, pero eso no será suficiente si no puedes comercializar tus productos de manera adecuada.

El problema con la economía actual es que siempre parece haber mucha competencia. En papel, puede haber muchas otras empresas que brinden el mismo producto o servicio que tú brindas. Podrían estar recibiendo más visitantes en sus sitios que tú. Otros obtuvieron una ventaja en sus esfuerzos de mercadotecnia y están haciendo mucho más para promocionarse ellos mismos que tú.

Ya sea que planees tener una tienda minorista en línea o una tienda física, necesitas saber cómo crear una presencia en línea. Lo mismo ocurre con los productos y servicios digitales. Es absolutamente esencial dominar tu uso de las redes sociales.

Las redes sociales nunca han sido más populares de lo que son ahora. Con las redes sociales, las personas pueden interactuar entre sí en línea. Pueden hablar de cualquier cosa en algunos de los entornos digitales más singulares del mundo. Aún más importante, las personas están hablando entre sí sobre los productos y servicios que ofrecen. Las redes sociales se convirtieron en una herramienta de promoción popular que se está volviendo rápidamente más valiosa e importante que cualquier otra forma de publicidad tradicional (por supuesto, hay excepciones para ciertos tipos de productos o servicios, pero el 90% de las veces, esto es cierto).

Tu uso de las redes sociales puede ayudarte a resaltar tu negocio de una manera distintiva.

Hay muchas buenas razones por las que la mercadotecnia en las redes sociales se ha vuelto muy importante. Veamos algunos de estos puntos.

Fácil de alcanzar

Las redes sociales han dominado el mundo en línea a lo largo de los años. Hoy en día, las personas y las empresas están ingresando a una amplia variedad de sitios para resaltar lo que ofrecen.

Las personas acceden a los sitios de redes sociales no solo con computadoras sino también con aplicaciones móviles en sus tablets y teléfonos inteligentes. Incluso los televisores inteligentes que se conectan en línea y las consolas de videojuegos con enlaces similares también pueden hacer que la gente se conecte. La cantidad de servicios de las redes sociales que están disponibles en estos dispositivos también han aumentado en volumen.

Además, puedes acceder fácilmente a los dispositivos de otras personas gracias a las plataformas de redes sociales que se ejecutan con sus propias aplicaciones especiales. Ya sea que se trate de una computadora tradicional o algo más pequeño, las personas están descubriendo nuevas formas de usar las redes sociales dondequiera que vayan. Esto hace que sea más fácil para las personas mantenerse en contacto y encontrar cosas mientras están en movimiento. Con tus esfuerzos de mercadotecnia, puedes asegurarte de estar en una variedad de sitios para que seas más fácil de detectar. Y hoy en día, puedes comunicarte con personas en cualquier lugar del mundo en sus teléfonos.

Un diseño diverso

La mercadotecnia en las redes sociales ofrece una variedad diversa de lugares que se dirigen a ciertos grupos de personas. No hay dos plataformas de redes sociales iguales. Vale la pena explorar las características diferenciadoras y distintivas de cada plataforma de las redes sociales. Por ejemplo, Instagram se ha vuelto muy popular entre las generaciones más jóvenes. Se conectan a las redes sociales para compartir fotos y videos cortos. LinkedIn se ha vuelto atractivo para los profesionales, incluidas las personas que podrían estar intentando comercializar programas de negocios extensos o iniciativas relacionadas con el trabajo.

Twitter ayuda a compartir mensajes en la menor cantidad de caracteres posible, mientras que Pinterest examina las empresas locales a través de escaparates virtuales únicos.

Si haces tu tarea, encontrarás una gran cantidad de ideas y tendencias sorprendentes que te ayudarán a dominar tu **alcance** de la mercadotecnia en las redes sociales. Comienza por monitorear los hábitos de las personas en tu propia vida: colegas, hijos, amigos, etc. No solo te limites a seguir tus propios hábitos en las redes sociales. También hay muchas herramientas en línea para medir y brindar información sobre la actividad de las redes sociales.

Los sitios de redes sociales específicos relevantes para tu marca variarán según tus necesidades, lo que ofrezcas y con quién deseas comunicarte. Pinterest es ideal para artículos de arte y manualidades, pero no es apropiado para servicios de planificación financiera, por ejemplo.

Debes incorporar diferentes estrategias para cada uno de estos sitios de redes sociales. Estas tácticas varían basadas en que tan bien llegan a las personas y cómo te puedes comunicar. Esta guía incluye información específica sobre la mercadotecnia a través de cada uno de estos sitios. Discutiremos cómo hacer esto con mayor detalle más adelante en el libro.

Una forma preferida de buscar

Una gran cosa acerca de las redes sociales es que se convirtieron en un lugar popular para encontrar información. Simplemente ve a un sitio de redes sociales y probablemente verás un buscador. Esta función te ayudará a ubicar diferentes empresas relacionadas con ciertas palabras clave en todo el sitio.

Cuando utilizas el buscador en Facebook, encontrarás información en los perfiles de Facebook relacionados con lo que especificaste. Facebook hace esto para conectarte con lo que sea que estés buscando. Ni siquiera abandonas el sitio; lo que quieras ya está ahí.

En otras palabras, las personas están renunciando a Google y a otros buscadores en favor de las funciones de búsqueda en los sitios de redes sociales. Saben que es más fácil ponerse en contacto con las personas en las redes sociales. Esto lleva al siguiente concepto.

La localización se ha convertido en una gran parte de las redes sociales. Cuando las personas buscan cosas, el sitio de las redes sociales a menudo les da a los usuarios resultados locales primero. Es decir, los resultados más importantes no están lejos de su ubicación geográfica. Esto es lo mismo que obtienes de un buscador regular. Los anunciantes en las redes sociales pueden incluso planificar sus campañas para dirigirse a personas específicas en ciertas áreas geográficas.

La interactividad es clave

La interactividad es un aspecto importante cuando se trata del mundo en línea de hoy. La gente quiere hablar con otros en línea. Esto incluye a las empresas que podrían estar promoviendo todo tipo de cosas. Cuando accedas a un sitio de las redes sociales, harás más que solo informar a las personas sobre tus servicios. Tendrás la oportunidad de hablar con otros. Puedes hacer preguntas a las personas o responder a sus preguntas.

A la gente le encanta que otros interactúen con ellos en las redes sociales. Piensa en todos esos lugares de comida rápida que tienen sus propias cuentas de Twitter. Estos lugares a menudo responden a las personas que publican tweets sobre los alimentos que les gustan, o para anunciar sus promociones. Esos lugares de comida rápida adoran interactuar porque saben que tales interacciones los hacen más atractivos y apreciativos. Ya sea que se trate de que Burger King hable sobre un nuevo producto para el desayuno o que Arby's haya inventado algo nuevo, tales negocios hablan sobre lo que está sucediendo, qué los hace especiales e incluso responden preguntas.

Ser directo con tus clientes siempre es importante. Cuando manejas tu negocio, tienes que entender lo que desean los consumidores. También debes comunicarte con ellos cuando tengan preguntas, quejas o elogios. La mercadotecnia en las redes sociales brinda la oportunidad de descubrir qué es lo que la gente pide y qué es lo que más les interesa.

El viejo dicho "el cliente siempre tiene la razón", vale

la pena considerarse aquí. Aunque puede ser frustrante ver a alguien publicar una crítica o queja negativa sobre tu negocio públicamente, esta es tu oportunidad de demostrar tu profesionalismo. Muchas empresas pequeñas cometen el error de meterse en argumentos en las redes sociales con los reclamantes o, de lo contrario, inventan excusas por el mal servicio o tratan de culpar al cliente. Sería mucho mejor que comentaras sobre su publicación o queja negativa y les agradecieras sus comentarios constructivos, que pidieras disculpas y les dijeras que harás todo lo posible para evitar que esto vuelva a suceder, y luego invitarlos a regresar o usar tu servicio prometiéndoles una experiencia mucho mejor. Incluso si no recuperas a ese cliente, otras personas verán tu cortesía bajo presión y se sentirán muy impresionados. Puede que a lo mejor te haga ganar nuevos clientes.

Siempre evolucionando

Las redes sociales siempre están creciendo, y nuevos puntos de venta se introducen de forma regular. Estos incluyen lugares que atienden a grupos específicos de personas. Por ejemplo, la organización deportiva Major League Baseball formó su sistema de redes sociales Infield Chatter para permitir a los fanáticos del béisbol hablar sobre el deporte, sus equipos favoritos y los jugadores. Las personas pueden hablar sobre las estrellas más impresionantes, los prospectos en crecimiento, la historia del deporte y mucho más.

Este es solo un ejemplo de cómo las redes sociales están cambiando. En el futuro, habrá sitios de redes sociales dedicados a casi todo. Es posible que existan sitios de redes sociales dedicados a personas interesadas en las artes y manualidades o tal vez algunas se enfoquen en consolas de videojuegos. Cualquiera que sea el caso, el campo de las redes sociales siempre va a crecer y cambiar con el tiempo.

Es impresionante cómo funciona hoy el mundo de las redes sociales. A lo largo de esta guía, verás que es muy fácil demostrar tus productos y servicios a los demás. No es tan fácil hacerlo de la manera más efectiva para la audiencia correcta. En particular, encontrarás muchas opciones para sitios de redes sociales a través de herramientas de mercadotecnia gratuitas y de pago que te permitirán transformar tu alcance de la mercadotecnia en las redes sociales con mucho menos esfuerzo. Es posible que te sorprendas de lo fácil que es llevar a cabo una campaña exitosa en las redes sociales una vez que te hayas armados con el conocimiento y las herramientas para hacerlo de la manera correcta.

Primer pilar: creando tus metas

... y preguntando, ¿Qué obtendré de mis esfuerzos de la mercadotecnia digital?

Una campaña de mercadotecnia en las redes sociales de calidad hará una gran diferencia para tu negocio. Para que la comercialización de las redes sociales valga la pena, examina lo que estás haciendo para que una campaña funcione bien y se destaque. Estas son algunas de las mejores maneras de crear una gran campaña.

El primer paso es considerar tus metas para una campaña. ¿Qué estás buscando sacar de esta campaña y cómo beneficiará a tu negocio? Demasiadas personas simplemente se lanzan a campañas de mercadotecnia o firman presupuestos de publicidad caros sin un objetivo claro en mente de para qué se utilizará su tiempo y dinero. ¿Estás buscando mejorar tu relación con los clientes? ¿Quieres aumentar el reconocimiento de tu marca? ¿Quieres generar más tráfico para tu sitio web, tienda o blog? ¿Quieres convertir más de ese tráfico en clientes? ¿Deseas aumentar el número de clientes habituales al aumentar la lealtad hacia tu marca?

Estas son todas las preguntas que debes considerar antes de embarcarte en una campaña. Cada uno de estos objetivos requiere un enfoque diferente. Ahora analizaremos cada uno de estos objetivos con profundidad, así como las estrategias para alcanzar estos objetivos.

Conectando personalmente con tu público: mostrando tu lado humano

Uno de los mayores problemas al tratar de comercializar tu negocio en línea es que podría ser un desafío mostrar tu lado humano. La gente no siempre está interesada en mirar sitios web sencillos. Podrían pensar que alguien con un sitio web ordinario está creando una lista de productos o servicios sin ser personal.

Depende de ti demostrar a tu audiencia que tienes un lado humano. Con las redes sociales, puede expresar tus puntos de vista y sentimientos a los demás mientras que les aseguras que te preocupas por ellos. Puedes dar detalles sobre por qué tu oferta es especial y cómo pueden beneficiarse de lo que estás comercializando.

Expresa tu lado humano cuando estés en las redes sociales y la gente comenzará a seguirte. Querrán ver lo que tienes que decir y te amarán por ello. Más importante aún, muestra que tú comprendes las necesidades que tienen las personas. Después de todo, las empresas no pueden darse el lujo de ser representadas como fábricas masivas que solo producen humo y que solo se preocupan por las ganancias. Las empresas que se preocupan por las personas seguirán siendo fuertes, populares y, lo que es más importante, rentables.

Lo importante de demostrar tu lado humano es que haces que la gente confíe en ti. La gente no confía en corporaciones o sitios web genéricos, confían en personas reales. Si hay alguna forma adecuada para que compartas tu historia, esto no solo puede aumentar en gran medida el respeto y la confianza de las personas hacia ti, sino que puede vincularlas emocionalmente con tu empresa. Esto puede significar que elijan patrocinarte en lugar de a un competidor, incluso si el competidor puede tener un presupuesto de mercadotecnia más grande o mejores precios o algún otro tipo de ventaja aparente. Debemos recordar que los consumidores a menudo no son racionales y toman decisiones emocionales al comprar. Cualquier cosa que puedas hacer para conectarte emocional y personalmente con tu mercado objetivo podría tener una gran recompensa.

Mejoramiento del reconocimiento de marca

Consultoría de marketing, Digital Snazz dice:
--Es importante que las personas reconozcan tu marca. Tu marca refleja tu negocio, tu imagen, lo que vendes y los valores que posees. Tu negocio tendrá éxito cuando tu marca sea más fácil de detectar. El uso de estrategias de mercadotecnia en las redes sociales adecuadas hará que tu marca sea visible y única".

A medida que aumenta tu alcance en las redes sociales y pules tu imagen, se vuelve más fácil para las personas identificar tu marca y todo lo que tu marca implica y significa. Le estás mostrando a la gente lo que quieres decir y que estás atento y, lo que es más importante, que eres un negocio real y de buena reputación que merece su dinero y su valioso tiempo.

Tu perfil de las redes sociales incluirá cosas como el logotipo o el nombre de tu empresa, para empezar. Después de eso, publicarás cosas en tu página que ilustran lo que hace que tu trabajo sea especial y atractivo. Incluso puedes hablar sobre los nuevos desarrollos en tu negocio a medida que se presenten. Tienes control total sobre lo que haces en las redes sociales.

Otro enfoque que vale la pena considerar es publicar información que no necesariamente promueve directamente tu negocio, sino información más relevante que tú crees que tus clientes encontrarán útil o informativa. Es una forma indirecta de aumentar el valor percibido de lo que tienes que decir. Tu cliente comenzará a pensar que todo lo que dices es importante y útil si siempre te esfuerzas por proporcionarles información de calidad en lugar de intentar simplemente venderles algo.

Un ejemplo que ilustra esta táctica es cuando las empresas hoteleras o sitios web de viajes tienen blogs que ofrecen consejos de viaje. Por ejemplo, un hotel puede publicar una publicación en su blog sobre las 10 cosas más increíbles que hacer en su ciudad. Si bien algunas personas pueden leer esto y no prestar atención a la marca del hotel, seguramente habrá quienes se interesen en escuchar qué más podría decir la compañía hotelera. Si sienten que la calidad y el valor coinciden con lo que están buscando, esto puede ser un impulso suficiente para inducirlos a hacer una reservación en este hotel en lugar de uno diferente que no está tratando de ayudar activamente a los viajeros con información.

En cualquier caso, mientras haya más canales y

avenidas donde la gente pueda encontrar tu marca, más probable será que consideren tu oferta y se conviertan en clientes leales.

Las personas que ven tu marca en diferentes sitios de redes sociales y escuchan de ti regularmente estarán más interesadas en tus ofertas. Notarán que tienes algo importante que decir. Más importante aún, las personas tendrán una comprensión clara de lo que les presentas. Sabrán de qué se trata tu marca y cuáles son tus valores. Ser reconocido en las redes sociales es fundamental para tu éxito.

Aumenta la lealtad hacia tu marca

Las redes sociales te ayudarán a mejorar la lealtad hacia tu marca. Al interactuar con la gente en las redes sociales, tu audiencia comenzará a familiarizarse contigo y con lo que ofreces. Interactuar con ellos y conectarte con ellos es muy importante para desarrollar la lealtad hacia tu marca. Serán leales hacia ti, no solo hacia tu marca.

La lealtad es fundamental para el éxito de cualquier negocio. Debes tener una base de clientes sólida que se quede contigo. La mercadotecnia en las redes sociales ayuda a que sea más sencillo hacer crecer tu negocio y hacerlo más viable.

Cualquiera que te siga en las redes sociales prestará atención a cada una de tus palabras. Tus seguidores leerán todo lo que compartas e interactuarán contigo de muchas maneras. La gente quiere escucharte y ver lo que dices. En particular, querrán comprarte cosas o contratar tus servicios.

Digital Snazz dice:

--Los medios sociales te brindan una audiencia cautiva que quiere escuchar todo lo que tienes que ofrecer en línea. Todos pueden saber quién eres y qué representa tu empresa y por qué deberían confiarte su negocio. Tu base de clientes se mantiene contigo y con suerte se convertirán en seguidores de por vida.

Cualquier persona que te siga en las redes sociales tiene acceso a todo lo que estás haciendo como empresa. Todas las actualizaciones se incluirán en sus feeds y los mantendrán informados sobre todo lo que tú expones. Hacer que las personas sepan lo que ofreces es vital para tu éxito, incluso si se estás comunicando con personas que ya son leales a tu trabajo. Es más que solo obtener dinero de esas personas. También es establecer relaciones sólidas para que confíen en ti y sigan tus mensajes.

Convertir más personas

No se trata simplemente de mantenerte en contacto con los clientes existentes, sino que más bien se trata de conseguir nuevos clientes y hacer crecer tu base de clientes. Si no estás creciendo, estás muriendo.

Hacer conversiones, especialmente en línea, no es fácil. Puede ser difícil lograr que las personas reconozcan tu marca y comprendan por qué debería ser importante para ellos. Nadie te va a tomar en serio cuando estás empezando. Particularmente si no tienes una huella en línea o seguidores que te apoyen. Sin embargo, con la mercadotecnia en las redes sociales, convertirás a las personas de manera rápida y sin esfuerzo.

A medida que publicas cosas en línea a través de los sitios de redes sociales, la gente querrá escucharte y ver lo que ofreces. Ellos interactuarán contigo y leerán las publicaciones de tu blog, verán tus videos, etc. Tienes que demostrar a la gente lo que hace que tu negocio se destaque al aparecer en los lugares correctos.

Al humanizar tu negocio, las conversiones que necesitas serán más fáciles de lograr. A la gente le gusta cuando ve las emociones que una empresa quiere transmitir. También es beneficioso interactuar con otras personas y responder preguntas, lo que te brinda ayuda adicional para hacer llegar tu palabra a más personas. No te olvides de resolver cualquier disputa u otros problemas que las personas puedan tener.

Adentrarte a las redes sociales es importante ya que te ayuda a llegar a más monitores. Cuando aprendes a trabajar con ellas, tendrás éxito al convertir a las personas en nuevos clientes en los que puedes confiar.

Generar más tráfico:

A menudo, el objetivo final no es simplemente atraer a

alguien a tu página de las redes sociales o simplemente que le den *me gusta* a tu publicación, sino que lo que realmente quieres es que vayan a tu sitio web o tienda. Uno de los objetivos más importantes de La Mercadotecnia en las Redes Sociales es aumentar el tráfico a tu sitio web o tienda electrónica.

Digital Snazz dice:

--Promoverte en las redes sociales es esencial. Siempre puedes publicar enlaces en tu sitio a través de una publicación en las redes sociales. El enlace en tu nombre de perfil o icono también puede ir en su sitio web. También se podrían incluir instrucciones sobre cómo llegar a una ubicación física que puedas tener. Esto podría a la gente a tu sitio web o a la página de perfil principal de tu cuenta de las redes sociales.

La gente no hará clic en tu enlace a menos que piense que tienes algo valioso que decir que es relevante para ellos y sus intereses. Quieren sentirse apreciados y sentir que sus valores o deseos son importantes para ti. En cuanto a las empresas físicas, estarán intrigados por lo que ofreces y querrán saber la ubicación de tu tienda.

Además, si tu empresa emplea enlaces de afiliados (por ejemplo, un blog), cuanto más tráfico puedas dirigir a tu página web, más dinero ganarás. Esta es solo otra razón por la cual dirigir tráfico a tu sitio web es primordial.

Podrías tener el mejor producto del mundo o el contenido más sorprendente en tu sitio web, pero si nadie puede encontrarlo o si nadie lo visita, es un completo desperdicio.

Mantener tus costos de comercialización bajos

En general, la mercadotecnia en las redes sociales es mucho más barato que la publicidad tradicional. Obtienes más por tu dinero. A menudo es un desafío comercializar tu negocio de manera convencional porque cuesta dinero imprimir anuncios, alquilar espacios en periódicos o sitios web.

Al aprovechar la influencia de las redes sociales, probablemente podrás ahorrar mucho dinero. Lograras promocionar tu página en línea.

Tu presencia será interactiva e inspiradora para tu audiencia. Podrás conectarte con ellos directamente a través de mensajes y publicaciones de forma gratuita.

Si eres inteligente, no necesitas gastar una fortuna en comercialización. La gente retuiteará, volverá a publicar o reenviará los mensajes inteligentes que hayas creado. Estos mensajes siempre incluirán tu nombre y un enlace a tu perfil de las redes sociales. Esto te facilita la comercialización de tu trabajo porque otras personas lo están haciendo técnicamente por ti.

Por supuesto, hay herramientas en las que debería invertir, y todas las plataformas de medios sociales tienen opciones de publicidad pagada que vale la pena considerar, pero es un error confiar en estas formas de mercadotecnia pagada. Si bien puede parecer que crear una audiencia en las redes sociales requiere mucho tiempo, la recompensa es mucho mayor que pagar por los clics en los anuncios de Facebook. Tú tienes la oportunidad de ganar la atención y el patrocinio de un cliente que puede convertirse en un fanático de tu marca de por vida e incluso puede convertirse en defensor y embajador de tu marca ante los demás.

Tener personas que reenvíen tus mensajes es fundamental para tu éxito. Incluso las ideas más pequeñas pueden volverse virales en cuestión de horas. Solo ve en línea ahora mismo, y probablemente escucharás historias sobre el hecho de que alguna compañía o celebridad se está convirtiendo en la próxima gran sensación debido a algo que se volvió viral en las redes sociales.

Usar un buscador

Obtendrás más tráfico de un buscador si tu sitio web tiene enlaces de calidad y está optimizado para buscadores de internet. Por supuesto, debes asegurarte de que tu contenido y tus enlaces sean únicos y relevantes para tu sitio original y no solo de clickbait. El consumidor experto se ha vuelto cada vez más exigente y desconfiado del contenido en línea y cada vez es menos probable que caiga en tácticas baratas y en clickbait, por lo que no te molestes en intentarlo. El objetivo aquí es construir algo sostenible, no solo hacer dinero rápido.

La optimización de buscadores (SEO) es muy importante cuando se crea una presencia en línea. Con esto, puedes enlazarte con diferentes palabras clave valiosas. Usa las palabras clave adecuadas para optimizar tu contenido para todos los buscadores más importantes.

Lo que también es interesante es que tu sitio aparecerá en un buscador varias veces gracias a tus canales de las redes sociales. Un canal de Facebook aparecerá por separado de tu sitio web principal o un canal de Instagram o YouTube, por ejemplo. Puedes hacer esto tantas veces como quieras, pero debes ser consciente de cómo funciona cada configuración. Si bien hay muchos asistentes de SEO que prometen hacer que tu sitio se clasifique en la primera página, lo que muchos vendedores exitosos están descubriendo es que los buscadores como "google" son casi imposibles de engañar. Google solo quiere proporcionar información de calidad a sus visitantes, por lo que, en lugar de llenar tu sitio con vínculos de retroceso irrelevantes, céntrate en generar constantemente contenido de calidad y Google se encargará del resto.

Además, tu sitio web principal aparecerá en los buscadores porque se proporcionan enlaces apropiados a las páginas de las redes sociales. Las empresas con varias cuentas de redes sociales tienen más probabilidades de aparecer en Google y otros buscadores que otros grupos. A menudo, los blogs y las publicaciones y las páginas de las redes sociales tienen un rango más alto que los sitios web originales en los buscadores. Por lo tanto, si puedes concentrarse en generar más contenido de calidad que tu competidor, con el tiempo tu marca puede superar a la de tus competidores en los rankings de las redes sociales.

Los enlaces entre tus sitios de redes sociales y tu sitio web principal también son importantes. Tener más de estos enlaces asegura que tu sitio web principal será más fácil de leer y usar para las personas. Esto es vital para tu éxito general, ya que ayuda a tu visibilidad en un buscador de calidad.

Como puedes ver, el primer paso siempre debe ser identificar tus metas. Esto debe venir antes de identificar tu enfoque. No puedes crear un proceso para alcanzar tu meta si no has definido cuál es tu meta en primer lugar. Para ver algunas estrategias más a fondo sobre cómo comenzar a alcanzar estos objetivos, ve el paso 3.

Segundo Pilar: Encontrar Tu Mercado Objetivo

Tan importante como definir tus objetivos es encontrar al cliente adecuado. Muchas empresas comenzaron y fracasaron no porque su producto fuera malo y no porque su mercadotecnia fuera mala, sino porque estaban persiguiendo a los clientes equivocados. Al comercializar, recuerda centrarte en tus clientes y sus necesidades, no tu producto o servicio, o tú mismo. La gente no se preocupa por ti, o tus beneficios. Les importa cómo pueden beneficiarse de lo que tienes. Y necesitas darte cuenta de que tu audiencia es inteligente. No quieren exageraciones, quieren la verdad. Cuanto más exageres, más trataran de buscar una trampa. Así que, si les hablas honestamente de inmediato, dejarán de buscar las trampas y comenzarán a confiar en ti.

Recuerda que hasta que no hayas escuchado lo que tus clientes tienen que decir y hayas entendido lo que realmente están buscando, no puedes tener un mercado objetivo real. No puedes basar tu estrategia de mercadotecnia en tu instinto, o tu creencia (no probada) de que este tipo de cliente en particular estará interesado en tu producto.

Ofréceles la realidad, la parte difícil de lo que vendes, la verdad, y no tendrán que buscarla ellos mismos. Pueden sentarse, relajarse y saber que lo peor está sobre la mesa. Simplemente pueden centrarse en las buenas cualidades y en todos los beneficios que tu producto puede ofrecerles. Luego sopesarán honestamente el valor agregado para ellos contra las "trampas" o los inconvenientes, si los hay, y si haces tu trabajo vendiendo las cualidades positivas con honestidad, y es un producto en el que crees, debería ser obvio para ellos.

Ten en cuenta que, si tienes un buen producto, simplemente puedes aprovecharte del interés que tus clientes tienen hacia él. Ya debería haber cierto interés hacia él en tu mercado, de modo que simplemente aprovecha ese interés. No es necesario que lo hagas exagerando. Dales una presentación clara de los beneficios y de lo que lo les ofreces, honestamente.

Después, muestrales una trampa.

Textos de Mercadotecnia (Copy) y Pitches:

Mantén tus "yo, mío, nuestro y el mío" al mínimo, y en su lugar, centra tu enfoque de mercadotecnia en "tu, usted y el suyo". Si has escrito tu pitch de mercadeo o lo estas planeando, checa cuantas veces usas "yo, mío, nuestro y el mío" y compáralo con las veces que usas "tu, usted y el suyo". Este último debe superar con creces al primero.

Asegúrate de hablar con un individuo en lugar de con una audiencia. La gente quiere sentir que estás hablando directamente con ellos. El vendedor realmente inteligente habla con UNA Persona.

Un ejemplo es un discurso, al hablar con una audiencia. Todos ustedes, algunos de ustedes, muchos de ustedes, todos ustedes ...

Y la otra versión es una conversación. Las personas están mucho más dispuestas a participar en una conversación que en una presentación.

Construir una marca tiene que ver con construir confianza. Cuanto más puedas construir una relación con las personas y las cosas con las que pueden relacionarse contigo, pueden confiar más en ti. Cuanto más confíen en ti, más estarán dispuestos a regresar y más estarán dispuestos a gastar sus recursos contigo para mejorar.

Cuando haga videos o escribas un libro, asegúrate de que estás hablando solo con una persona. Dirige tu redacción y tu enfoque a un solo miembro de la audiencia. Puede ser alguien que conozcas o alguien que imagines. Pero no te dirijas a ningún grupo de personas. No lo hagas con muchos, hazlo con una sola persona. Esto hará que tu cliente sienta que tiene una relación personal contigo, por lo que será mucho más probable que escuche lo que tienes que decir, compre lo que estás ofreciendo y se convierta en un cliente habitual.

Tercer Pilar: Optimización De Tu Sitio Web Para Lograr Tus Objetivos:

Identificar y crear la estrategia de palabras clave

¿Qué pasa cuando el cliente te está buscando a ti y no al revés? Tu enfoque de las redes sociales y la optimización de tu sitio web deben diseñarse teniendo en cuenta esta pregunta. Necesitas ser fácil de encontrar. La gente debería poder encontrarte buscando una palabra o frase. Eso es lo que hace una palabra clave. Una palabra clave es esencialmente una palabra, o una frase, que una persona busca en las plataformas de redes sociales y buscadores como Google, Facebook, Twitter, LinkedIn y YouTube. Debes saber qué palabras clave buscará la gente e incorporarlas a tu sitio web. De esa manera, cuando escriban la palabra y hagan clic en buscar, encontrarán tu página. Esto significará que lo estás haciendo bien, pero no es tan simple como parece. En este capítulo, veremos cómo identificar estas palabras y cómo puedes incorporarlas a tu estrategia de mercadotecnia.

¿Por qué deberías construir una estrategia de palabras clave?

Hay muchos consumidores en todo el mundo que

buscan negocios en los buscadores de internet. Ellos emplean un gran esfuerzo para buscar estas empresas. Pero, ¿cómo lo hacen? Ellos usan palabras clave. Tú, como propietario de un negocio, puede usar esto para tu ventaja. Deberás asegurarte de que tu sitio web gire en torno a las palabras clave que estén en línea con tu línea de negocios y las palabras que tus posibles consumidores puedan usar. Piénsalo, en un mar de miles de personas, ¿no crees que les interesaría a tus clientes buscarte de una manera directa? ¿O les gustaría usar una técnica complicada para buscarte? Obviamente, ellos elegirán el primero y tú debes ayudarlos en el proceso.

Las palabras clave ayudarán a tus clientes y clientes potenciales a encontrarte en línea. ¡Y eso no es una exageración! Te beneficiarás enormemente y verás cómo tu negocio pasa de ser pequeño a ser uno que atenderá a muchas personas.

Tal vez tú te preguntas cómo puedes concentrarse en las palabras clave que son más comunes en tu línea de negocio. Pero hay técnicas que puedes utilizar para determinar estas palabras clave. Sin embargo, deberás poder determinar tu popularidad y competitividad. Por lo tanto, debe realizar pruebas y análisis para comprender la eficacia de varias palabras clave para atraer a tus consumidores potenciales a tu sitio web.

Esta sección te ayudará a aprender a cómo definir palabras clave, lo que a su vez maximizará el potencial para atraer clientes potenciales a tu negocio a través de diferentes redes sociales. Tienes que hacer uso de las mejores palabras que les ayudarán a encontrarte. La investigación para identificar las mejores palabras clave es un proceso continuo, y las mejores palabras y frases pueden cambiar con las tendencias y debes hacer un esfuerzo para seguir esto de cerca. Podrás recopilar información valiosa sobre las tendencias de la industria y la demanda y oferta de diversos productos. Si realizas una investigación exhaustiva sobre las palabras clave, podrás evitar gastar dinero extra en diferentes paquetes que te ayuden a anunciar tus productos. También podrás mejorar el tráfico a tu sitio web.

Cómo construir tu estrategia de palabras clave

Cuando desees comenzar a usar palabras clave, debes tener en mente una estrategia establecida para que te resulte fácil repetir el proceso.

Esta sección te proporciona la estrategia básica que puedes seguir para crear tu conjunto de palabras clave.

Identificar un mínimo de tres palabras clave

Piensa en tu negocio desde la perspectiva de un cliente. Si tú eres una empresa pequeña, no puedes esperar que tus clientes potenciales sepan el nombre de tu empresa. Si tú eres un negocio grande, no tienes que preocuparte por la primera palabra clave. Sin embargo, deberás elaborar una lista de palabras o frases que definan tu negocio o tu producto en general. Esto te dará tu lista de tres o más palabras clave. Dado que este es el primer paso del proceso, debes comenzar con el pie derecho. Investiga lo más que puedas acerca del tema antes de continuar con el proceso. Vea lo que hacen otras compañías y hazlo de la misma manera.

Identificar las palabras clave basadas en la relevancia

Hay ciertas palabras clave en las que puedes concentrarse en el paso anterior, pero debes verificar su relevancia para tu negocio y también el nivel de dificultad. Hay muchas palabras, como "mercadotecnia" o "negocio" que son muy competitivas. Estas palabras son difíciles de clasificar en los resultados producidos por los buscadores de internet.

Si tú eres una empresa pequeña, debe elegir palabras que no muestren demasiada competencia. Estas palabras también deben estar relacionadas con tu negocio. (Esto se remonta a la importancia de encontrar tu nicho en el mercado y poder diferenciarte). Estas palabras se conocen a menudo como las palabras clave de cola larga. Una palabra clave que tiene una gran cantidad de búsqueda es una palabra competitiva.

Por lo tanto, tratar de usar estas palabras significará que estás tratando de competir con varias personas. Eso podría frenar o dificultar el proceso. Existen diferentes herramientas que puedes utilizar para identificar la competitividad de las palabras clave que has establecido. Esto también te ayudará a identificar nuevas palabras que puedes usar para beneficiar tu negocio. Las herramientas más comunes son Google Keyword Tool (la herramienta para palabras clave de Google) y las palabras clave sugeridas por HubSpot.

El otro factor importante para elegir tu palabra clave es la relevancia de esa palabra clave para tu empresa. Hay algunas palabras clave que son difíciles de clasificar. Pero estas palabras podrían ser o no ser relevantes para tu negocio. Puedes hacer una pequeña búsqueda en Google y verificar las palabras que son populares en tu categoría. Debe establecer un equilibrio entre la relevancia de las palabras clave para tu empresa y su nivel de dificultad. De la lista que creaste anteriormente, debes elegir cinco palabras clave que coincidan con tu negocio. Si no tienes tantas, aporta ideas e identifica unas más. Siempre puedes probar nuevas palabras clave para ver cuál se ajusta mejor a tu negocio. Después de todo, no es una ciencia exacta. La mayoría de las personas logran el equilibrio correcto a través de prueba y error.

LSI - Indización semántica latente

Tu sitio web aparecerá en una página de resultados del buscador (SERP) solo con la ayuda de palabras clave. Estas palabras clave principales dan una idea de lo que realmente se trata tu sitio web y cuando un buscador busca esas palabras clave en particular, tu sitio web aparecerá en la página de resultados. Para hacer que tu sitio web sea más relevante, puedes utilizar palabras clave de LSI. Es un método mediante el cual los buscadores de internet determinan si tu sitio web tiene buen contenido y está relacionado con el tema o si es solo correo no deseado.

La mayoría de la gente entiende las palabras clave LSI, o palabras clave de cola larga, como se les conoce, como meros sinónimos de palabras clave primarias. Esto puede ser verdad hasta cierto punto, pero las palabras clave de LSI son más que eso.

Por ejemplo, tomemos el término "maestro". Esta es una palabra clave principal, pero hay un millón de otros sitios web que usan esa palabra clave. LSI ayuda a hacer una suposición fundamentada utilizando el resto del contenido y decidiendo qué tipo de maestro se está discutiendo aquí. Si tu sitio web utiliza términos como "teclado", "música", "notas", etc., tu sitio web aparecerá en búsquedas relacionadas con profesores de música. Los buscadores saben que palabras como "acorde", "bajo", "alto", etc., y otras palabras relacionadas con la música aparecerán en un buen artículo. Estas palabras de la jerga se conocen como términos de LSI.

Cuando un buscador inicia una búsqueda, el buscador de internet lee tu artículo y determina la densidad de palabras clave al observar el número total de palabras en el artículo y descubrir cuántas veces se repiten palabras o frases en particular en el artículo. Las palabras que se repiten a menudo tienen una mayor densidad de palabras clave. Incluir estas palabras clave en el título, el primer párrafo y el último párrafo de tu artículo ayudará a aumentar la densidad de las palabras clave, ya que los buscadores de internet ponen mayor énfasis en estas áreas del artículo. Luego selecciona las palabras con la mayor densidad de palabras clave y decide de qué se trata el artículo. El buscador de internet tiene una base de datos de términos relacionados de cualquier palabra clave y si esos términos relacionados no aparecen, se le otorga una puntuación de relevancia más baja y se coloca debajo de los demás. Los artículos con mayor puntuación de relevancia ocuparán un lugar más alto en la página de resultados del buscador de internet. Repetir las mismas frases no ayudará, pero el uso de sinónimos puede marcar la diferencia y dar al lector un contenido más rico y legítimo.

Diseña tu sitio web alrededor de estas palabras clave

Una vez que hayas reducido la lista de tus palabras clave a cinco, deberás incorporarlas en tu sitio web. El objetivo principal de esta actividad es permitir que tu sitio web pueda ser encontrado. Para esto, debes hacer uso de estas palabras de la mejor manera posible. Descubrirás cómo hacerlo en el siguiente paso.

Optimizar tu sitio web

Ya has hecho la lista de palabras clave que necesitas utilizar para tu negocio. Ahora debes asegurarte de aumentar la clasificación de esas palabras clave para mejorar la posibilidad de atraer personas a tu sitio web. ¡La optimización para buscadores (SEO) es tu salvador!

Si deseas obtener tráfico web, deberás aspirar llegar hasta la cima o a algún lugar de la primera página de los resultados de búsqueda. Si tus clientes potenciales no están satisfechos con lo que encuentran en las primeras publicaciones, pasarán rápidamente a las siguientes. Y si te encuentras allí, es probable que te visiten y les guste lo que tienes allí. Por lo tanto, no subestime el valor de dos o tres puntos debajo del primer resultado. Una vez que aterrices allí, puedes subir lentamente más y más alto. El primer puesto es codiciado, ya que la mayoría de las personas seleccionan algo en la primera página de resultados. Este lugar es lo que buscan todas las empresas, grandes o pequeñas. Si esto no es posible, debes aspirar a estar en las primeras páginas, digamos las primeras cinco, de la búsqueda. ¿Cuántas veces has ido a la segunda o tercera página cuando no has encontrado lo que estabas buscando? Por lo tanto, valdrá la pena hacer ese esfuerzo e intentar aterrizar en cualquiera de las primeras cinco páginas. Además, Google ha aconsejado a la mayoría de las empresas que diseñen sus sitios web para sus visitantes o clientes potenciales, en lugar de para los buscadores. Debes tener esto en cuenta para tener éxito en el mercado. Pero antes de eso, tendrás que aprender y entender qué es SEO y cómo puede ayudarte a optimizar tu sitio web y buscar.

¿Qué es SEO?

SEO es un acrónimo de optimización para buscadores, lo que significa que optimizaras tu sitio web para ayudarte a obtener el primer lugar o uno de los primeros cinco lugares en los resultados de búsqueda. Hay dos tipos de SEO: on-page SEO y off-page SEO. El SEO en la página (on-page) se refiere a la forma en que presentas tus palabras en un buscador. Puedes trabajar en mejorar esto inmediatamente, si es necesario. Off-page SEO es un reflejo de que tan fuerte es tu sitio web en Internet. Esto está determinado por lo que las personas en otros sitios web dicen acerca de tu sitio web. Esto es algo que puede llevar tiempo mejorar. Aunque el SEO en la página (on-page) solo afecta al 25% del ranking de tu sitio web, es mejor comenzar con esto, ya que puede mejorarse muy rápidamente. Trabajemos para mejorar el SEO en la página de tu empresa.

Los elementos principales del SEO en la página

Independientemente de si ya estás utilizando esto o no, este segmento examinará algunos de los elementos principales del SEO en la página (on-page).

Ya que esto es lo más fácil de mejorar, aprenderás cómo hacerlo. Los pasos que siguen te ayudarán a identificar lo que debes hacer. Esta sección cubre siete elementos que desempeñan un papel importante para ayudar a tu sitio web a alcanzar los primeros resultados de búsqueda en cualquier buscador o plataforma de las redes sociales.

El título de la página

Esta es una parte muy importante del sitio web. Esto es como el título de un libro. Considera esto como un ejemplo: estás caminando por una librería y decides entrar a la tienda. Tienes la necesidad de caminar por el pasillo de los libros de ficción y buscar un libro que valga la pena leer. ¿Elegirías un libro que tenga el peor título posible? No lo harías. Es lo mismo cuando se trata de tu sitio web.

El título de la página se ve en la parte superior de la ventana del navegador cuando visitas una página. Cuando estás creando una página, la primera opción que tiene es crear el título de la página. Entonces, haz que este sea tu primer paso antes de continuar con el siguiente. Los títulos de las páginas también aparecen en los resultados del buscador. Encontrarás el título de la página en el archivo HTML de tu sitio web. El texto del título de la página estará entre las etiquetas "<title>" y "</title>". Debes asegurarte de que el título de tu página sea muy efectivo. Así es como puedes hacerlo:

- Redacta un enunciado que incorpore todas las palabras clave que se te ocurrieron anteriormente.

- Asegúrate de que el título no tenga más de 70 caracteres de longitud. Esto se debe a que ningún buscador tiene resultados con títulos de páginas tan largos en ellos. Si haces que el título sea demasiado largo, reducirás la importancia de las palabras clave en tu título.

- Trata de asegurarte de que las palabras clave estén al principio del título de la página. Deben estar dentro de las primeras palabras en el enunciado.

- Asegúrate de que el título tenga una fuente que permita a los espectadores leer lo que has escrito. Algunas de las mejores incluyen a Arial y Georgia. No te preocupes si no los utilizas en tu sitio web; puedes usarlos solo para tu SEO.

- Asegúrate de que el nombre de tu empresa se

encuentre al final del título de la página. Pero si tú eres una marca grande, puedes evitar esto, ya que la mayoría de las personas buscarán en las páginas tu sitio web utilizando el nombre de tu marca.

- Trata de asegurarte de usar un título diferente para cada página. Esto te ayudará a identificar las diferentes palabras clave que has enumerado.

Una vez que agregues el título, se le dará un enlace permanente al título. Puedes elegir el enlace permanente sugerido o cambiarlo a tu gusto. Este enlace permanente es lo que será el enlace a la página de tu sitio web.

La Meta Descripción

Los metadatos son una característica que puede ayudarte a atraer a muchos más visitantes. Estos espectadores verán con frecuencia tu sitio web si tiene metadatos. No afecta tu clasificación en una red social, pero es bueno asegurarse de que tiene algunas de tus palabras clave mencionadas en la meta descripción.

¿Qué son los metadatos? Es el texto que se ve justo debajo del enlace de tu sitio web proporcionado por cualquier buscador de internet. Esta descripción es lo que atraerá a los espectadores a hacer clic en el enlace para llegar a tu sitio web; sin embargo, esto solo sucederá si hay palabras clave en la meta descripción.

Es como leer la esencia de lo que está por venir. Trata de resumirlo para decirle al lector para que sepan lo que les espera. Es similar a lo que está escrito debajo de un encabezado de un periódico para expandir la idea del encabezado.

Debes darte cuenta de que la meta descripción no se encuentra directamente en tu sitio web. Es más bien solo un resumen de tu sitio web para los buscadores de internet. Si no incluyes la meta descripción al codificar el sitio web, te darás cuenta de que los buscadores solo usan la información que se encuentra en la página. Esta información se muestra a los espectadores. La meta descripción no es bien entendida por la mayoría de las personas y es aquí donde tú, como propietario de una empresa, puedes estar cometiendo un error. Así que entiende la diferencia y aprovecha al máximo esta característica. Pronto notarás que tu sitio web será mucho más visible, y que hay más posibilidades de que tu sitio web aparezca más rápido en los buscadores.

Los encabezados

Cuando ves un fragmento de texto que aparece más grande que otro texto en la página, lo más probable es que sea un encabezado. Esto se puede verificar fácilmente. Puedes ver el código HTML de tu sitio web y verificar si el texto se encuentra entre las etiquetas <h1> y </h1>, <h2> y </h2>, o <h3> y </h3>. Si no sabes cómo hacerlo, puedes pedirle a un programador que te ayude. De hecho, podría ser necesario que pidas ayuda profesional, ya que cometer un error puede hacer que el encabezado se vea mal.

El texto en los encabezados es la parte que siempre es leída por los buscadores. Los buscadores asumen que el texto del encabezado contiene las palabras clave e ignorarán el resto del texto de la página. Es por esta razón que deberás incluir palabras clave en los encabezados. Es mejor usar la etiqueta <h1>, ya que proporciona la fuente más grande y tiene el mayor peso. Hay otras etiquetas que puedes usar para mejorar la vista de tu página, como las etiquetas <h4>, <h5>, <h6> y <h7>. Sin embargo, es aconsejable no usarlos ya que no tienen el mismo efecto que las etiquetas <h1>, <h2> y <h3> en tu código fuente. Las otras etiquetas diluyen la importancia de las palabras clave que utilizas en ellas.

Hojas de estilo en cascada

Tu sitio web se ve como lo hace debido al código en tu HTML. El código HTML es el fondo de tu sitio web. Es el código que lee cualquier buscador. Los buscadores extraen la información que encuentra relevante para una búsqueda determinada.

La hoja de estilo en cascada, o CSS, es lo que proporciona el diseño de una página determinada en tu sitio web. Esto te permite definir cómo se ven los encabezados y otros elementos en tu página. Tienes que usar CSS para todas tus páginas. Sin embargo, debes evitar el uso de esta información, que te ayuda a mejorar el diseño de tu página, en el código HTML de tu página, ya que tu buscador puede usar esa información.

Imágenes

Cuando tenías tres años, te encantaban los libros de cuentos que tenían muchas fotos incluidas en ellos. Esto es lo mismo cuando se trata de un sitio web. Las imágenes siempre ayudan a mejorar la experiencia de los usuarios. También debes ser consciente del dicho que dice que una imagen vale más que mil palabras. Lo mismo se aplica en tu sitio web, donde las imágenes te ayudarán a que te notes más. Cuando estés trabajando en el código de tu sitio web, puedes intentar usar imágenes que describan tu sitio web. Nuevamente, si no sabes cómo hacer esto, entonces pídele ayuda a un programador. Asegúrate de tener en cuenta los siguientes puntos:

1. No uses demasiadas imágenes en tu página. Esto hará que tu página se cargue lentamente. Esto tiene un impacto negativo en los espectadores, ya que la mayoría de ellos son impacientes y abandonarán el sitio web si no se abre lo suficientemente rápido. No querrán esperar a que se cargue una página. Pueden elegir moverse a otra página inmediatamente.

2. Cuando tengas imágenes en tu página, intenta insertar texto que describa las imágenes. Ya sea tu producto o un servicio, debes describirlo de manera efectiva. Esto es importante ya que la mayoría de los buscadores no leen imágenes. Generalmente solo se sienten cómodos leyendo textos. Los buscadores pueden pasar por alto algunas palabras clave importantes si solo encuentran las imágenes y no el texto. Intenta separar las palabras clave con un guion.

La información del dominio

Encontrarás que los sitios web que han estado en Internet durante más tiempo tienen un mejor ranking en comparación con los sitios web más nuevos. Esto se debe a que el tiempo durante el cual un dominio está registrado indica el compromiso del propietario. Así que cuando comiences, debes decidir quedarte con el mismo nombre y no cambiarlo periódicamente. Intenta permanecer leal al dominio. Los sitios web con nombres de dominio cortos pueden considerarse spam.

Fecha de rastreo de Google

Google rastrea los sitios web con mucha frecuencia y actualiza la información que muestra a los espectadores. La información que actualiza es principalmente palabras clave y otra información de SEO. Tienes que asegurarte de que Google rastree a través de tu sitio web a menudo. Esto se puede hacer solo si produces nuevo contenido en tu sitio web. Si tienes un blog, intenta publicar historias en él con regularidad, ya que eso ayudará a garantizar que Google rastree a través de la publicación. Si estás ocupado, intente colaborar con alguien y pídale que agregue algo como una publicación de invitado. Del mismo modo, sigue actualizando tu sitio web de vez en cuando. Agrega algo nuevo como una imagen de producto o una descripción. Todo esto asegurará que Google rastree a través de tu sitio web.

Evita sobrecargar tu sitio web con palabras clave

Has leído mucho sobre lo importante que es asegurarse de incluir palabras clave en tu título, encabezados, etc. Es posible que creas que cuantas más palabras clave tengas, mejor será tu rango. A lo mejor has comenzado a llenar tu página con todas las palabras clave que pueda imaginar. ¡Por favor, no hagas eso!

Si llenas tu página con palabras clave, puedes terminar pareciendo una ensalada de palabras y esto no interesará a los visitantes. Esto también podría verse como una forma de engañar a los buscadores, algo que no deberías hacer. Hay detectores que asegurarán que no estés tratando de engañar a los buscadores para que crean que tu página es buena. Si te sorprenden tratando de engañarlos, los buscadores generalmente dejarán tu sitio web fuera, lo que te dejara sin ninguna publicidad. La idea es esparcir palabras clave aquí y allá y hacerlas estéticamente agradables. Deberías ser como un plato bien condimentado, que sabe mucho mejor que un plato lleno de pimienta que no está bien mezclado. Por lo tanto, ten cuidado y evita utilizar demasiadas palabras clave en tu descripción. ¡Podría ser una gran metida de pata!

Cookies

¿Has vez te has atravesado con popups como los siguientes cuando estás usando la red?

"Este sitio web utiliza cookies para mejorar la experiencia del usuario. Al utilizar nuestro sitio web, usted acepta nuestras cookies de acuerdo con nuestra política de cookies".

Tu puedes hacer uso de estas cookies en tu empresa también. Primero, comencemos con lo básico. Aprendamos sobre las cookies.

Una cookie es información que un sitio guarda en tu computadora usando tu navegador. Hay millones que usan internet todos los días. ¿Cómo puedes realizar un seguimiento de todos tus consumidores y visitantes frecuentes? Las cookies son la respuesta. Las cookies etiquetan computadoras individuales para que sepas quién está en tu sitio web. Es una forma no invasiva de recopilar información sobre tus visitantes y su comportamiento. Obviamente, no podrás obtener toda la información sobre tus visitantes. Aprender más acerca de qué tipos de consumidores son más activos en tu sitio web y cuáles son sus hábitos te ayudará a centrar y reenfocar tus esfuerzos de mercadotecnia en los grupos de personas con mayor probabilidad de ser receptivos. Nuevamente, esto no es una ciencia exacta y tomará pruebas y ensayo y error, pero con el tiempo, deberías poder construir un perfil de tu cliente.

La creación de perfiles de cookies o la creación de perfiles web consiste en que las cookies proporcionan información básica sobre las preferencias de tu consumidor. Por ejemplo, si tu sitio web proporciona tu contenido en varios idiomas, el visitante puede seleccionar español. Si decidiste usar cookies, su preferencia de idioma se habría almacenado en la cookie, lo que resultaría en un acceso más rápido y conveniente al ofrecerle el sitio web en español cuando regrese. Básicamente, crea un registro de tus visitantes, almacena su información y aplica la información almacenada la próxima vez que acceda a tu sitio web. El archivo de cookies consta del nombre del servidor desde el que se envió, la vida útil de la cookie (si es una cookie persistente) y un número generado aleatoriamente. Este número se convierte en la identidad de la computadora del visitante. Así que cada vez que el visitante usa la computadora para acceder a tu sitio web, el servidor lee el número y recuerda las preferencias del visitante. Si tu sitio web requiere iniciar una sesión, entonces estas cookies serán de gran ayuda, ya que almacenara el nombre del usuario.

Las cookies son de dos tipos:
- Cookies de sesión
- Cookies persistentes.

Las cookies de sesión son cookies temporales que se crean con fines temporales y están activas solo para esa sesión en particular. Cuando el visitante abandona el sitio, la cookie se borra. Si utilizas tales cookies, trataran a todos como un nuevo visitante, aunque hayan visitado tu sitio web anteriormente.

Las cookies persistentes también se conocen como cookies permanentes; el nombre habla por sí mismo. Este tipo de cookie permanece en el navegador del visitante y se vuelve a activar cuando regresa a tu sitio web. Estas cookies son las que recuerdan las preferencias de tu visitante. Estas cookies permanentes también tienen fechas de caducidad y se eliminan una vez que llega la fecha de caducidad. Cuando un visitante regular vuelva, se generará una nueva cookie permanente.

Imagina entrar a tu restaurante favorito y ser recibido personalmente; la mesera ya sabe lo que te gusta, así que te sirve tu orden habitual. ¿Cómo te sentirías? ¿Como si estuvieras en casa? Esta es la misma sensación que obtienen los visitantes cuando utilizas las cookies correctamente y les brindas una experiencia personalizada. Esto definitivamente mantendrá a tus clientes leales y también atraerá nuevos visitantes.

Por supuesto, no puedes depender completamente de las cookies, ya que a muchas personas no les gustan que se supervisen sus actividades en línea y, por lo tanto, bloquean o eliminan las cookies.

Mercadotecnia de contenidos:

Hay muchas plataformas que han facilitado que una persona publique contenido en Internet. Has podido desarrollar una buena comprensión de la importancia de las palabras clave y cómo puedes identificar una lista de esas mismas palabras. También has aprendido lo importante que es asegurarte de que tus páginas web y su contenido estén optimizados para las redes sociales y los resultados de los buscadores.

El siguiente paso es comprender cómo puedes asegurarte de que más clientes vean tu sitio web a través de la mercadotecnia de contenidos: blogging o publicar contenido en diferentes formas. ¿Cuántas veces has visto publicaciones de blogs y artículos en tus news feed? Estoy seguro de que con frecuencia has visitado un sitio web en particular después de ver el contenido. Agregar un blog a tu sitio web puede aumentar considerablemente tu tráfico y visibilidad. Sin embargo, también hay formas más simples de crear contenido. Podrías comenzar a crear contenido para libros electrónicos, o participando en varias conversaciones que ocurren en Internet, como en Twitter o Facebook. Esto te ayudará a asegurarte de que la mayor cantidad posible de personas descubrirán tu negocio y lo exploren.

Blogging es la mejor solución, al menos para empezar, porque no solo es fácil, sino que es eficaz cuando se trata de llegar a la mayor cantidad de personas posible. Veamos las cosas que debes tener en cuenta cuando desees iniciar un blog.

Cómo pensar en diferentes estrategias de negocios

Cuando estás blogueando, debes dejar de pensar en ti mismo como el dueño de un negocio y comenzar a pensar en ti mismo como un editor de una revista. Como editor, debes publicar artículos que no solo promuevan el negocio, sino que también compartan información sobre la industria. Esto debe hacerse como se haría en una industria regular.

Tienes que convertirte en tu propio funcionario de relaciones públicas para asegurarte de que las personas vean tus historias de la forma que deseas.

Tienes que pensar sobre lo que estás escribiendo y el tipo de palabras que estás usando. Nunca debes usar términos técnicos o hablar sobre tu trabajo de una forma que solo las personas de tu industria o los empleados de tu empresa puedan entender. Tu objetivo es dar a conocer tu empresa y tienes que hacer lo que esté a tu alcance para demostrarlo de la mejor manera. No tomes este paso a la ligera, ya que es tu mejor oportunidad de promocionar tu negocio de manera efectiva. Cuando realizaste una lluvia de ideas para las palabras clave, pensaste en las diferentes palabras que utilizarían tus clientes cuando describieran tu negocio. Deberás usar esas palabras clave en las publicaciones de tu blog o en cualquier otra publicación que estés escribiendo acerca de tu negocio. Los capítulos segundo y tercero de este libro deberían haberte ayudado a comprender la importancia del tipo de palabras que usas.

Configuración de un blog

Es importante que reúnas el contenido que tus clientes potenciales encuentren interesante. Sin embargo, también deberás encontrar una manera de poner ese contenido en línea. Hay muchas herramientas que te ayudarán a publicarlo en línea. Asegúrate de seleccionar la plataforma perfecta para tu blog. Deberás tener en cuenta lo siguiente:

1. El blog que estás iniciando debe ser parte del sitio web de tu empresa. Debes darte cuenta de que tu sitio web sin un blog es como un folleto regular. Un folleto nunca cambia. No te gustara que el sitio web de tu negocio se vea así. Tu sitio web y blog deben tener muchas conexiones y deben estar interconectados entre sí.

2. Agrega regularmente nuevo contenido al blog. Los buscadores de internet otorgan clasificaciones más altas a aquellos sitios web a los cuales se les está agregando contenido nuevo constantemente. Debes actualizarlo de vez en cuando y también hacer que otros contribuyan a ello. Verás que al hacerlo ayudarás a tu blog a mantenerse "en tendencia" y también aumentará tu base de clientes. Estas

clasificaciones más altas te ayudan a ganar más consumidores para tus productos y servicios.

Es importante que tu software de blogging sea fácil de usar. Pero es aún más importante que el contenido que generes para tu blog sea interesante. Evita hacerlo monótono. Lamentarás haber desperdiciado una oportunidad en la que podrías haber usado tu poder para aumentar tu alcance.

Existen bastantes plataformas de blogs que son fáciles de usar y te ayudan a facilitar tu experiencia. Estas plataformas tienen sistemas de administración de contenido, que te ayudan a ingresar contenido fácilmente sin tener que preocuparte por la codificación. Podrás editar la información en el sitio web sin esperar a que un programador ingrese tu contenido en la página. Si no puedes encontrar la plataforma ideal, debes preguntar entre tus conocidos y buscar el mejor alojamiento web para tu blog. Puede utilizar Wordpress, ya que es el sistema de gestión de contenido número uno del mundo.

Los componentes clave de tu blog

Como se mencionó anteriormente, es importante que estudies los diferentes componentes de un tema si deseas comprenderlo a fondo. En este segmento, veremos los componentes clave de un blog.

Hay muchos componentes que debe tener un blog y es esencial que tengas esto para poder atraer más atención de tus clientes potenciales.

Un título que capta la atención del lector

Es el título de tu blog lo que vera la gente primero. Debes asegurarte de que este título sea el betún de tu pastel. Debes usar las palabras clave correctas y hacer que el título sea conciso para que captes la atención de tus lectores. Solo cuando tenga las palabras clave que están buscando, aparecerá en su pantalla. Trata de mantenerlo orientado al cliente. Eso significa que debes conocer a tu público objetivo para entender exactamente lo que les gusta leer. Es como decodificar su mentalidad y proporcionarles algo que les ayude a permanecer interesados en lo que está tratando de decirles. Sera de gran ayuda que investigues y les preguntes a las personas en su rango de edad objetivo sobre las palabras clave que buscarían en un blog.

Texto que está bien escrito

Una vez que tengas tu título, deberías trabajar en el contenido de tu blog. Supongamos una vez más que estás en una librería. Has elegido un libro con un título interesante y empiezas a leer. Lees las primeras páginas y encuentras que el libro es muy aburrido. Además, el autor no llega al punto ni siquiera al final del libro. ¿Recomendarías tal libro a un amigo? Es lo mismo cuando se trata de blogs. El artículo que escribas debe ser preciso y debe estar formateado para que sea fácil de leer. Puedes dividir el contenido en diferentes encabezados y párrafos. Más importante aún, debes escribir bien y asegurarte de que no haya errores. Mantenlo lo más interesante posible para tu lector, y no caigas en la trampa de escribir contenido que no sea del gusto de tus lectores. Eso anulará todo el propósito de escribir el blog y terminarás decepcionado.

Usar imágenes y videos

Como se mencionó en el capítulo anterior, siempre es bueno usar imágenes. Hay momentos en que hablan más alto y más claro que las palabras. Supongamos que se trata de un evento en el que se siembran mil árboles en una parcela de tierra seca. Es mejor si tienes imágenes para respaldar el texto. Es incluso mejor asegurarte de seguir esa historia y continuar mostrando el crecimiento de esas plantas. Si utiliza imágenes, está dividiendo el texto en fragmentos, lo que hace que el artículo sea más agradable para el lector. Del mismo modo, puedes hacer uso de videos que se ajusten a tu blog. Lo ideal es que sean fotos profesionales, claras y de buena calidad. Esto hará que el blog sea más relevante y creíble.

Incluir enlaces en tu artículo

Cuando escribes sobre algo que se ha hecho famoso en todo el mundo, lo mejor es insertar enlaces. Probablemente estés familiarizado con el término back-linking pero, en caso de que no lo estés, se refiere a agregar enlaces a diferentes sitios en tu blog. Estos enlaces deben llevarte a diferentes páginas en tu sitio web. Por ejemplo: si estás hablando de una teoría que se ha desarrollado recientemente, no puedes esperar que cada persona esté familiarizada con ella. Por lo tanto, es útil insertar un enlace al contenido sobre el que estás escribiendo. También puede insertar enlaces a tu propio sitio web o a páginas de destino, lo que le ayudará a tener más visitas para tu contenido. Esto se discute con detalle en el Capítulo 6.

Organizar:

No solo debes organizar tu contenido en tu blog de forma visual, sino también lógicamente. La gente ama las listas (lista de artículos). Les gustan porque están organizadas y divide la información en pasos que pueden seguir. Les ayuda a saber cuáles son las conclusiones más importantes de tu artículo. Por ejemplo, es más probable que las personas lean una publicación del blog de viajes titulada "Los 10 mejores restaurantes de París por menos de $20", que un artículo titulado "Comer en restaurantes de París". Si puedes encontrar maneras de organizar tu contenido, la gente estará más interesada y receptiva.

¿Tu blog tiene un hueco?

Si tienes un negocio y has iniciado un blog, es por una razón. Pero ¿cuál es esta razón? ¿Quiere educar a la industria y tus clientes potenciales sobre sus productos? ¿No? Tendrás que educarlos sobre los acontecimientos de la industria. Necesitas que ellos aprendan sobre los problemas que ellos, como clientes potenciales, pueden enfrentar en el mercado. También debes decirles cómo les ayuda tu producto. Muchas personas cometen el error de hablar solo sobre sus productos y sus características, y no discuten por qué el producto es un buen ajuste para el cliente. Debes evitar cometer este error y hablar del tema. Tienes que decirles qué beneficios les dará el producto y por qué deben elegirlo.

Puede comenzar a bloguear respondiendo a diez preguntas básicas que crees que tus clientes pueden hacerte. Entonces puedes comenzar tu blog respondiendo la pregunta más importante. Puede hacer uso de un sistema de preguntas frecuentes para formular y responder las diversas preguntas. Sin embargo, solo puedes elegir las preguntas si te pones en el lugar de tus clientes potenciales. Trata de responder una pregunta por semana durante las próximas diez semanas. Esto te ayudará a crear una excelente base para tu blog y te ayudará a asegurarte de que tu blog sea exitoso.

Una vez que hayas terminado de responder estas preguntas, puede trabajar en diferentes formas para hacer que tu blog sea interesante. Por ejemplo:

• Puedes escribir sobre diferentes productos.

• Puedes escribir sobre los acontecimientos en tu industria.

• Puede escribir sobre los cambios que se han realizado en tus productos.

Asegúrate de incluir imágenes y de que el contenido de tu blog hable de tu conocimiento. No quieras tener contenido que no refleje tu conocimiento. Intenta evitar cometer errores técnicos. No subestimes la inteligencia de tu audiencia. Si les proporcionas información redundante, entonces será inútil. También debes mostrarle a tus clientes potenciales que te apasiona lo que haces. Esto solo puede hacerse cuando lo que escribes sale de tu corazón. Pero mantén en tu mente tu negocio cuando estes escribiendo el contenido de tu blog.

Cuarto Pilar: Encontrar Las Plataformas Adecuadas Para Tu Marca

A lo largo de esta guía, analizaremos varias opciones para sitios de redes sociales que son útiles para tus necesidades de mercadotecnia. Te convertirás en un experto en las diversas plataformas de redes sociales y sabrás cuál de ellas podría ser más efectiva para tu negocio. Esto también puede variar dependiendo de cuáles sean tus objetivos de mercadotecnia para una campaña en particular. Por ejemplo, si tu objetivo es el reconocimiento de marca, una plataforma podría ser mejor, si tu objetivo es la lealtad a la marca, podrías adoptar un enfoque diferente con una plataforma diferente. Etc.

Naturalmente, siempre puedes trabajar con todos los sitios de redes sociales que enumeramos aquí; tantas como quieras para hacerte visible. Sin embargo, eso no significa que cada uno de ellas sea sensible a tus necesidades, y mucho menos fácil de usar.

Cada sitio de redes sociales es diferente según a quién se dirige y cómo se organiza. Cada sitio de redes sociales es único. Elije con cuidado al planificar tu campaña en las redes sociales. En todo caso, es mejor tener múltiples sitios de redes sociales, ya que te da la oportunidad de lograr más.

Este capítulo analiza los sitios de redes sociales individualmente y te dirá cómo debes evaluarlos.

Observa los objetivos principales que tienes para una campaña en las redes sociales.

Analiza por qué estas decidiendo usar las redes sociales en primer lugar. Tal vez quieras que la gente sea más consciente de tu marca. Tal vez tú está tratando de obtener más clientes potenciales. Quizás estés intentando que la gente descargue una aplicación o llegue a tu lugar físico de negocios.

El espacio de las redes sociales que visites debe ser elegido en función de sus objetivos. Facebook es ideal si quieres que la gente esté más consciente de tu trabajo. LinkedIn es perfecto si quieres conseguir leads. Snapchat es ideal si quieres que la gente descargue una aplicación.

En cualquier caso, observa lo que puedes obtener de un sitio de redes sociales antes de comenzar a trabajar con él. Comprueba que la campaña esté organizada correctamente y que entiendes claramente qué sitios de redes sociales son perfectos para ella. Debe examinar cuidadosamente cómo las opciones individuales pueden funcionar con tus diversas necesidades.

Considera la audiencia a la que estás tratando de llegar.

Cada sitio de redes sociales tiene su propia audiencia específica. LinkedIn tiene una gran plataforma que es popular entre los profesionales, especialmente aquellos que ganan buenos salarios. Instagram es útil para las personas más jóvenes y es prominente entre los millennials de hoy.

En 2015, el Centro de Investigación Pew encontró algunos datos demográficos interesantes sobre los sitios de redes sociales. Si bien esta información no es definitiva, brinda una idea de qué esperar de ciertos sitios de redes sociales:

• La base de usuarios de Facebook es extremadamente diversa. Personas de todo tipo utilizan Facebook, desde ricos y pobres hasta jóvenes y adultos por igual. Es igualmente popular entre hombres y mujeres y entre el público negro, blanco, hispano y asiático y otros grupos demográficos raciales.

• Las mujeres están más interesadas en usar Pinterest. La gente de áreas suburbanas también está interesada en esto más que otras.

• LinkedIn no solo es popular entre las personas más ricas, sino también entre quienes tienen títulos universitarios. Las personas que viven en áreas urbanas tienden a usar LinkedIn más a menudo también.

• Las personas más jóvenes tienen más probabilidades de usar Twitter. Aquellos que viven en áreas urbanas lo usarán más a menudo también.

Esto es solo una muestra de lo que descubrirás acerca de los sitios de redes sociales. Todos estos sitios son diferentes en cuanto a cómo atraen a varios tipos de personas. Experimenta con diferentes páginas de las redes sociales para que potencialmente puedas obtener algo significativo e importante para tu campaña. Mientras analizamos esto, prestar atención a cómo puedes usar múltiples opciones para tu campaña.

Observa con qué frecuencia las personas pueden interactuar con los sitios de redes sociales.

Todos los sitios de redes sociales tienen estándares diferentes sobre la frecuencia con la que las personas interactúan con ellos. Facebook, Twitter e Instagram son los lugares más populares donde las personas tienen más probabilidades de revisarlos cada día o con mucha frecuencia. Mientras tanto, Pinterest y LinkedIn son lugares donde las personas verifican sus feeds de tres a cinco veces por semana, aunque algunos pueden hacerlo con más frecuencia.

Un sitio que tenga gente verificándolo a menudo puede ser lo más recomendable para aumentar el reconocimiento de tu marca. Los sitios donde las personas no revisan sus perfiles todos los días son buenos si estás tratando de obtener leads o establecer conexiones a largo plazo con profesionales en un campo.

Saber cómo se comportan las personas en los sitios de redes sociales es importante cuando quieres interactuar con ellos. Asegúrate de averiguar qué tan bien y qué tan fácil puedes comunicarte con alguien en un sitio. Esto es para que te resulte más fácil interactuar con las personas y compartir tus intereses.

Analiza lo que están haciendo tus competidores.
Tu competencia probablemente estará ya en las redes sociales o contemplando unirse en el futuro. Cualquiera que sea el caso, observa lo que hacen tus competidores.

Visita los sitios web de tus competidores para ver qué están haciendo los demás. Asegúrate de hacer lo que puedas para competir con ellos y, por supuesto, asegúrate de que tu enfoque se centre en tu ventaja competitiva y en lo que ofreces y en lo que tus competidores no ofrecen. Al hacerlo, es más fácil que tu página se destaque y sea más atractiva. Controla el rendimiento de tu campaña y ajústalo continuamente hasta que sientas que tu mensaje es claro y bien recibido. También es importante asegurarse de que no estás copiando lo que hacen otras personas. Usar los mismos sitios de redes sociales y trabajar con palabras clave similares u otras estrategias de publicación es bueno siempre y cuando tu contenido sea original.

No necesariamente tienes que duplicar todo lo que hacen tus oponentes. Se consciente de lo que otra persona está implementando para tener una idea clara de lo que tú debes hacer. Mantén una mente abierta durante todo el proceso, pero al menos examina los logros de los demás.

Piensa en el contenido que quieres crear.

Cada sitio de redes sociales es diferente en términos del mensaje con el que trabajas. Puede hacer cualquier cosa en una página de las redes sociales, pero necesitas descubrir cuáles son los estándares para cada sitio:

• Tumblr, Pinterest, Snapchat e Instagram son excelentes si intentas comercializar cosas con imágenes. Estos sitios de redes sociales son perfectos para la mercadotecnia basada en imágenes.

• LinkedIn ideal si quieres ser más técnico. El sitio también es ideal para las personas que desean compartir sus opiniones con otros.

• YouTube y Snapchat son buenos para el contenido

de video.

• Quora es atractivo si deseas responder las preguntas que las personas puedan tener acerca de cierto concepto que tiene tu empresa.

• Twitter es útil cuando quieres compartir noticias o ideas con personas. Aunque solo si estás intentando compartir pequeños de datos a la vez.

Revisa el contexto antes de elegir un determinado sitio de redes sociales. Se trata de tener un poco de control sobre tu trabajo y tener todo establecido de una manera inteligente y valiosa. A medida que practiques, mejorarás tu capacidad para hacer esto y tus clientes se darán cuenta.

Pon atención al formato de tu contenido.

Todos los sitios de redes sociales tienen estándares sobre cómo se publica el contenido. YouTube obviamente se enfoca en los videos, mientras que Instagram se trata de imágenes. Twitter es para mensajes más pequeños, mientras que Facebook y LinkedIn permiten más detalles sobre lo que quieres publicar.

Decide qué publicar y cómo se ilustrará. Esto es para darte un mejor enfoque para manejar tu trabajo.

Piensa en el tema que utilizarás también. Algunas empresas podrían funcionar mejor con tipos específicos de contenido. Una empresa de preparación de impuestos podría hacerlo mejor con publicaciones de blog que expliquen los cambios en las leyes fiscales, por ejemplo. Un centro de entrenamiento de béisbol podría beneficiarse de tener publicaciones en video que muestren a las personas que aprenden a jugar el juego o que perfeccionan sus habilidades.

Ten cuidado al lanzar tus campañas:

No hagas demasiadas campañas en las redes sociales. Date cuenta qué tan bien puedes manejarlas una por una sin sentirte abrumado. Si bien puedes trabajar con muchos sitios de redes sociales como desees, solo compromete con los que tú te sientas cómodo manejando en un momento dado. No quieras olvidarte de los sitios individuales. En este sentido, la calidad es más importante que la cantidad. Es mejor tener una campaña excelente que 5 mediocres. Por otra parte, tu cliente se molestará si constantemente ve plagas de anuncios y campañas mediocres. Perderán interés en tu marca.

Siempre puedes usar las funciones analíticas de muchos sitios de redes sociales para ver qué está pasando con tus páginas. Los análisis analizan cuántos visitantes llegan a tu sitio o interactúan con tus publicaciones. Puedes utilizar la analítica para evaluar el progreso de las campañas pagadas que operas. Esta investigación te ayudará a determinar si deseas quedarte con una plataforma en particular o si es mejor irse a otro lugar. No uses nada demasiado complicado o difícil de seguir porque, después de todo, tu carga de trabajo se volverá más difícil.

Si es necesario, también existe la opción de establecer contactos con otras personas de tu empresa para trabajar con diferentes campañas. Podrías contratar a una persona para ejecutar una campaña de Facebook, mientras que otra trabaja en LinkedIn, por ejemplo. Observa cómo esas personas manejan campañas individuales y si entienden cómo funcionan ciertas plataformas de redes sociales. Permite que varias personas trabajen con varios canales a la vez si es necesario, pero asegúrate de que entiendan con qué están trabajando. La clave es mantener todo en tu campaña de redes sociales consistente y bajo control.

Recuerda que todos los puntos introducidos en este capítulo son meras sugerencias. Siempre pueden trabajar con cualquiera de los sitios de redes sociales que estás leyendo en esta guía. Considera lo que cada uno de estos sitios tiene para ofrecerte para que puedas hacer más con tu trabajo.

Ahora vamos a discutir en profundidad algunas de las plataformas de redes sociales más comunes.

Mercadotecnia de Facebook

No hay duda de que Facebook es la plataforma de redes sociales más grande del mundo. Si no me crees, considera estas estadísticas extraídas de statisticbrain.com del 20 de septiembre de 2015:

• Número total de usuarios activos mensuales de Facebook: 1,440,000,000

• Número total de usuarios móviles de Facebook: 874,000,000

• Aumento de los usuarios de Facebook de 2014 a 2015: 12%

• El número total de minutos dedicados a Facebook cada mes: 640,000,000

• Porcentaje de todos los usuarios de Facebook que inician sesión en un día determinado: 48%

•Tiempo medio empleado en Facebook por visita: 18 minutos.

• Número total de páginas de Facebook: 74.200.000.

¿Alguna objeción? Con esto está todo dicho.

De cualquier manera que lo pongas, ¡las cifras mencionadas anteriormente representan MUCHAS personas! Y naturalmente, donde hay muchas personas, hay muchas posibilidades. ¿Y adivina qué? ¡Más posibilidades equivalen a más oportunidades de negocio! Además, Facebook ofrece una gran diversidad, con clientes potenciales de todas las edades, orígenes y opciones de estilo de vida, lo que te permite llegar a tu mercado objetivo con éxito. No importa a quién intentas llegar o qué quieres vender, puedes encontrar los clientes adecuados en Facebook.

Por qué tiene sentido

Por supuesto, no estamos diciendo que los más de mil millones de usuarios son tus prospectos reales o clientes potenciales. Muchos de los miembros activos de Facebook estarán lejos del mercado que estás buscando. Pero lo que implican las estadísticas es que, en términos de exposición, no hay mejor lugar en Internet para la comercialización que Facebook. Pero esto es solo la punta del llamado iceberg de la mercadotecnia en las redes sociales. Echemos un vistazo a otras razones por las que la mercadotecnia en Facebook tiene tanto sentido.

Segmentos

Aquí hay una pieza de información útil muy interesante: Facebook mantiene una vasta base de datos sobre casi todo y cualquier cosa relacionada con sus usuarios. Cosas favoritas, ubicación, edad, gustos, intereses y más... ¿Entonces cuál es el punto?

Hay dos formas de anunciar tus productos y servicios en Facebook: gratis y pagada. La información disponible en la base de datos de Facebook es particularmente útil para la publicidad pagada. ¿Por qué es así?

La publicidad tradicional como la radio, la televisión o los anuncios impresos utilizan un enfoque de bombardeo, es decir, publicidad masiva en la que simplemente esperas que haya suficiente público objetivo para ver, escuchar o leer tu anuncio. Pero con Facebook, tiene la capacidad de dirigirte a un mercado específico para tus anuncios pagados.

Por ejemplo, tu negocio es un restaurante italiano ubicado en Nebraska. Además, es bastante excéntrico y planeas atender especialmente a las personas que aman la comida italiana y que adoran al difunto David Bowie. Puedes anunciar tu restaurante en Facebook y filtrar tus anuncios a usuarios específicos que viven en Nebraska, que aman a David Bowie y adoran la comida italiana. ¡Pero teniendo en cuenta que Nebraska es un área bastante grande, puedes reducir aún más tu público objetivo a los que viven en Norfolk!

Otro ejemplo: digamos que tú eres un autor

independiente que se especializa en finanzas personales. Puedes comercializar tus libros electrónicos en Facebook utilizando anuncios pagados para dirigirte a personas de entre 20 y 30 años que estén interesadas en aprender a cómo invertir para su futuro. Si eres un tanto chovinista y te gustaría limitarla a audiencias masculinas, puedes instruir a Facebook para que muestre tus anuncios solo a los hombres y quizás incluso más allá, solo quieres llegar a los hombres entre 20 y 30 años con un título universitario.

    Facebook puede concentrarse en cualquier nicho, sin importar lo pequeño que sea, lo que ni siquiera es posible de manera remota con los medios tradicionales. Es esta especificación la que permite que la mercadotecnia en las redes sociales brille de una manera nunca antes vista. Al apuntar a la demografía exacta que estás buscando, hasta los intereses y la ubicación, estás asegurando las mejores probabilidades posibles de aumentar tus ventas de manera exponencial y permitiendo que tu negocio se desarrolle de una manera que antes era imposible. La otra gran cosa acerca de estos filtros en Facebook es que Facebook te dirá aproximadamente qué tan grande es tu población potencial con todos tus filtros en orden. Esto puede ayudarte a determinar si tu nicho es del tamaño correcto. Demasiados filtros pueden significar que tu nicho es demasiado pequeño y no hay suficientes personas para alcanzar. Sin suficientes filtros, tu nicho es demasiado grande y tendrás mucha competencia para enviar un mensaje efectivo.

Manejo de costos

Puedes limitar fácilmente tus gastos de publicidad al realizar campañas de mercadotecnia de Facebook. Esto se debe a que puedes controlar no solo la cantidad máxima que estás dispuesto a gastar en dichas campañas, sino también cuánto tiempo durarán dichas campañas y cuánto de tu presupuesto gastarás todos los días.

Por ejemplo, si solo tienes un presupuesto máximo de $30 para una campaña publicitaria de mercadotecnia de Facebook de 30 días. Facebook limitará automáticamente tus gastos a $1 por día durante los próximos 30 días para mantenerte dentro de tu presupuesto. Como tal, no tienes que preocuparte por los gastos fuera de control. Esto te permite comenzar con la publicidad a tu alcance, sin importar dónde se encuentra tu negocio financieramente y también te permite expandir tus campañas de mercadotecnia cuando tengas la capacidad y el deseo sin tener que estresarte por el dinero invertido en ellas.

Mercadotecnia En Facebook

Si deseas maximizar tu alcance en el mercado, así como funciones en Facebook, deberás comprender algunas de las mejores prácticas de mercadotecnia de Facebook. Si bien estas reglas no son necesariamente estrictas, seguir estas prácticas puede mejorar significativamente la capacidad de tu producto o servicio para atraer clientes en Facebook.

Y recuerda lo que dije antes: la mercadotecnia en las redes sociales se trata principalmente de compromiso. Si sales y estudias las páginas de Facebook de muchas de las marcas más populares del mundo, una cosa que notarás es que casi nunca se venden directamente a los seguidores ni les predican. En su lugar, se comprometen.

En estos días, los consumidores son mucho más inteligentes y desconfían de los lanzamientos de ventas en Internet. Por lo general, pueden saber si solo estás tratando de venderles o si los estás comprometiendo de manera sincera y genuina. Siempre ten en cuenta que Facebook es, ante todo, una red social y no una red de ventas y mercadotecnia. La gente quiere amistad, respeto e inclusión; están en Facebook para socializar y divertirse, no para escuchar repetidamente y, en última instancia, rechazar los anuncios de ventas inoportunos. Compromételos, involúcralos, y te recompensarán por ello. Dales un anuncio genérico y mira cómo se esfuman tus prospectos. La elección aquí es clara.

Piensa en la forma en que usas Facebook: lo utilizas para entretenerte, conectarte con amigos y obtener información. No vas a Facebook para sacar tu tarjeta de crédito y comprar. Por lo tanto, tienes que enfocar la mercadotecnia en Facebook sutilmente con un enfoque de no intervención.

Thomas Meloche y Perry Marshall, en su libro Ultimate Guide to Facebook Advertising, analizaron qué tan diferente es la mercadotecnia de Facebook de la publicidad tradicional, ya sea en línea o impresa, al usar una historia o analogía de un porche delantero, que es algo como esto:

Imagina que vives en medio de una plaza del pueblo. Imagina además que tu casa cuenta con un porche delantero donde disfrutas ver a la gente pasar. En el porche estás cultivando muchas plantas hermosas. En los días en los que disfrutas ver a la gente pasar y beber de una jarra de limonada fría, algunas de esas personas notan las hermosas plantas de tu porche delantero y se acercan a ti para preguntarte cómo las mantienes hermosas.

Tú les ofreces asientos en tu porche y les da vasos de limonada fría mientras explicas los principios generales para mantener tus plantas hermosas y saludables. Algunas de esas personas se interesan tanto en el cultivo de plantas debido a tu intercambio, que estarían dispuestas a gastar dinero solo para pasar un día contigo y aprender los detalles más finos de cómo hacer crecer y mantener las plantas hermosas. Aceptas su oferta y pasas el día siguiente enseñándoles cómo hacerlo.

En ese ejemplo, ¿observaste algún intento explícito o directo de vender algo en tu porche? ¿Qué tal cualquier intento implícito de promover un seminario de horticultura? Estás en lo correcto, ¡ninguno! Y en pocas palabras, así es como haces la mercadotecnia de Facebook. Cualquier venta se realiza solo en el marco de relaciones y conexiones personales.

Como siempre digo, se trata del compromiso. Una buena manera de involucrar a la gente en Facebook es mediante la publicación de consejos útiles o enlaces a artículos que les gusten y compartan, así como haciendo preguntas relevantes. Cuando tus publicaciones se enfocan en tu audiencia, sus necesidades y sus intereses, desarrollas relaciones, lo cual es la razón más importante para la existencia de las redes sociales. La gente quiere verte como uno de sus amigos. Por lo tanto, vale la pena hablar con ellos. Consejos útiles sobre las cosas que podrían gustarles o necesitar son geniales, venderles cosas no lo es. Céntrate en la felicidad de tu cliente por encima de tu propio éxito y terminarás cumpliendo ambos objetivos. Y como lo demostró la historia del porche anterior, las ventas pueden ser el resultado de tales relaciones.

    Otra excelente manera de involucrar a tus prospectos y clientes en Facebook es mediante la publicación constante de contenido único y de calidad cada día. Aunque puede parecer bastante complicado hacerlo con tanta frecuencia debido a horarios muy ocupados, la publicación de dicho contenido con menos frecuencia aumenta el riesgo de que tu público objetivo se pierda algunas de tus publicaciones importantes. Esto se debe a que, con el tiempo, tienden a seguir (follow) y a mostrar interés por más y más páginas de Facebook.

    Y estos "nuevos" *me gusta* y nuevas páginas que están siguiendo competirán por su atención y participación en las redes sociales. Cuando se pierden más de tus publicaciones y ven más de otras personas, su interés en las tuyas comienza a disminuir y a aumentar en otras, y ahí van tus prospectos y tus oportunidades de ventas. Si tiene poco tiempo, tenga en cuenta que tales publicaciones no tienen que ser largas.

Aspira a hacerlos llamativos e interesantes. Intenta incluir contenido que se destaque en un mar de otras publicaciones, sin importar lo desalentador que pueda parecer. Ten en cuenta los intereses de tu público objetivo: tus publicaciones no influirán sobre todas las personas en Facebook, pero eso no tiene que pasar para que tengas éxito. Atrapa y manten la atención de los clientes que deseas con un compromiso atento y publicaciones de calidad y tendrás clientes leales durante el tiempo que mantengas tu negocio.

Varios estudios recomiendan publicar de 3 a 5 veces al día en Facebook para un compromiso óptimo con clientes potenciales y clientes. Sin embargo, cada situación es diferente y, como tal, te recomiendo que emplees experimentación sensata y estratégica para ver cuál funciona mejor para tu negocio. Haz una meta que funcione para ti, ya sea una vez al día o diez veces al día. Solo aspira a ser consistente y publica regularmente para que la gente esté ansiosa por ver lo que tienes que decir.

Por último, debes mantener tus publicaciones divertidas e interesantes. Recuerda, una gran parte del compromiso exitoso es divertirse, así que mantén tus publicaciones útiles, interesantes y lo más ligeras posible. Nadie quiere sentirse abrumado con contenido pesado y difícil en su tiempo libre. El entretenimiento informativo, idealmente con imágenes, videos u otras adiciones visualmente atractivas, te convierte en un objetivo ideal que atraerá y mantendrá la atención de tu mercado objetivo, lo que conducirá a conversiones eventuales.

Marketing de LinkedIn

El objetivo de LinkedIn, un sitio de redes sociales creado específicamente para comunidades empresariales, es brindar a sus miembros registrados la oportunidad de crear y establecer redes profesionales documentadas de personas que conocen y en las que confían. Las páginas de perfil personal de LinkedIn priorizan o resaltan la experiencia laboral o la historia y la educación, dos de los criterios más importantes por los cuales las personas son evaluadas en el mundo de los negocios para las asociaciones comerciales o el empleo. La página de perfil también cuenta con un servicio de noticias de red profesional con varios módulos que se pueden personalizar.

Básicamente, la membresía es gratuita, y los miembros se conocen como "conexiones". Otra diferencia básica entre LinkedIn y las plataformas de redes sociales como Facebook, aparte de su tema comercial, es que LinkedIn requiere que tú tengas una relación preexistente con una posible conexión antes de conectarte. Muchos aspectos de LinkedIn, incluido ese, están diseñados con una mentalidad más profesional y orientada a los negocios que la mayoría de los otros sitios de redes sociales, incluido Facebook, algo que pueden presumir, aunque por supuesto eso conduce a una menor interacción social algo que Facebook tiene de sobra. LinkedIn puede ser un recurso valioso para conectarte con otras empresas o con profesionales de negocios, y puede ser una plataforma ideal para contactar a cualquier persona dentro de ese grupo demográfico.

LinkedIn también ofrece varias opciones de cuenta premium que te brindan un uso más ilimitado de la plataforma. Además, obtienes más información sobre las tendencias de negocios y la información de la industria de la que quizás no hayas tenido conocimiento. También en las cuentas premium, puede enviar "InMail", que es un sistema de mensajería directa que te permite enviar mensajes dirigidos y promociones a los destinatarios de tu elección.

Mercadotecnia En Las Redes Sociales, Estilo Linkedin

Debido a que esto se trata de crear redes, lo que realmente estás promocionando en LinkedIn es a ti mismo como empresario o profesional de negocios. Obviamente, cuanto más te promocionas profesionalmente, más contactos comerciales obtienes, lo que solo es beneficioso para tus negocios en general.

Entonces, ¿cómo te vendes bien en LinkedIn? ¡Una forma es construir tu perfil, por supuesto! Ya que te estás vendiendo, hazte lucir bien. LinkedIn no se trata solo de ser sociable y atractivo, aspectos importantes de la mayoría de los otros sitios de redes sociales. Aquí puedes venderte a ti mismo y a tu negocio, así que no seas demasiado tímido o modesto acerca de tus fortalezas. Puedes construir tu perfil en LinkedIn usando las siguientes características, así como otras:

-Actualizaciones de tu estado: declaraciones breves

sobre ti que crees que tus conexiones encontrarán más interesantes o útiles. Aquí, puedes incluir enlaces a otros sitios relacionados con el contenido, incluido el de tu empresa, así como enlaces a otros sitios relevantes y sus otras cuentas de redes sociales. Publicar actualizaciones de estado útiles con regularidad puede hacer que se veas más activo en LinkedIn. La actividad mostrará motivación y ética de trabajo, y te ayudará a demostrar a las conexiones posibles que tan dedicado y profesional puedes ser.

- Publicaciones de Blog: este sitio te permite sincronizar sin esfuerzo tu perfil con las publicaciones de tu blog y viceversa. Esto significa que puedes permitir que tu perfil de LinkedIn se actualice automáticamente con tus blogs en el sitio web de tu empresa al proporcionar un enlace y un resumen de dichos blogs.

-Presentaciones: también puedes publicar presentaciones de diapositivas como las de Google Docs, PowerPoint o SlideShare en tu perfil de LinkedIn.

-Eventos: puedes publicar eventos en tu perfil de LinkedIn para promover eventos que estés promoviendo, administrando o realizando.

-Tweets: también puedes conectar tus tweets de Twitter a las actualizaciones de estado de LinkedIn para mantener mejor actualizados tus conexiones y seguidores sobre tus últimos acontecimientos.

También puedes crear tu dirección de LinkedIn personalizándola. Como un sitio web personal, una dirección personalizada de LinkedIn puede ayudar a mejorar tu imagen profesional. Elije con cuidado: la dirección que selecciones representará a tu empresa. Tu querrás verte profesional y seleccionar algo que se adapte bien a lo que tu empresa vende, ofrece o representa.

Por último, puedes usar las características de la comunidad de LinkedIn para colaborar y comunicarte con otros usuarios de LinkedIn. Estos incluyen grupos, respuestas y páginas de la empresa. Los grupos te mantienen informado y en contacto con otros usuarios de LinkedIn con los mismos intereses y pasión. ¡Puedes unirte a uno existente o crear el tuyo!

La mejor manera de expandir tus círculos sociales (y de negocios) es agregar un gran valor a los debates cuando participas. Ten en cuenta que todavía te estás comunicando como un negocio y como la persona que creaste para ese negocio. En los debates, por supuesto, querrás parecer agradable y amigable, pero en una plataforma como LinkedIn, hay espacio para una mayor formalidad y profesionalidad de lo que podrías presentar en redes alternativas como Twitter o Facebook.

Respuestas es una excelente manera de conectarte con colegas de mentalidad similar, así como compartir tu experiencia con otros, promocionando tu perfil, y tu negocio, de manera indirecta. Puedes conectarse haciendo preguntas urgentes e inteligentes y dejar que otros expertos se sumen a tus consejos y, en el proceso, a conectarse con ellos. También puedes tocar tu propia bocina (aunque no demasiado obvio) respondiendo preguntas como experto también.

Ambos métodos son una forma valiosa de establecer

conexiones adicionales y mostrar tu intelecto y consideración, siempre que lo hagas de una manera humilde y honesta. Tanto las preguntas como las respuestas formuladas de manera elocuente y las preguntas razonables pueden ganarte el respeto de otras empresas e individuos que encontrarás en LinkedIn.

Por último, puedes utilizar las páginas de empresa de LinkedIn para buscar empresas asociadas y espiar a las competidoras. Esto puede ayudarte a determinar las estrategias de mercadotecnia más efectivas que puedes utilizar, ya que te permite considerar los mercados que tus competidores aún no han aprovechado. También te permite inspirarte en sus campañas actuales o anteriores (por supuesto, deberías modificarlas para hacerlas tuyas) o puedes explorar nuevos territorios donde tus competidores no tengan una presencia o ventaja dominante.

Además, puedes configurar una página para tu propio negocio donde puedes mostrar tu experiencia en tu industria o nicho e indirectamente promover tu empresa o negocio. Aquí, puedes publicar información clave sobre tu negocio, como la dirección de sitio web, la dirección comercial y la descripción de la empresa o negocio. Asegúrate de ser minucioso y preciso en tus descripciones.

Mercadotecnia de Google+

Google+ se enfoca en unir y crear comunidades,

donde puedes compartir enlaces, publicaciones de blogs y otros contenidos que promocionan tu negocio, así como permitirte ver y discutir el contenido compartido por otros. Al igual que con la mayoría de las plataformas de redes sociales, es muy importante participar y comunicarte con tus futuros clientes. Lanzar un montón de enlaces para promocionar tu negocio en ellos se sentirá demasiado impersonal. Pero una vez que ganes su confianza, puede ser un lugar cómodo para interactuar con los clientes y compartir enlaces comerciales, promociones y publicaciones interesantes o reflexivas.

Naturalmente, dependiendo de la naturaleza de la comunidad o comunidades en las que comiences o te unas, querrás personalizar tus publicaciones y contribuciones para adaptarte a tu audiencia. Harías bien en unirte a varias comunidades para maximizar tu éxito con Google+. Después de todo, incluso dentro de tu mercado objetivo, encontrarás personas diversas con diferentes intereses: aprender lo que es probable que disfruten y convertirse en un miembro contribuyente de esas comunidades te permitirá obtener muchas conversiones. Puedes reutilizar el mismo enlace en cada comunidad, siempre que sea adecuado, pero asegúrate de personalizar tus comentarios para la comunidad adecuada para que tus enlaces y contenido tengan sentido y estén personalizados adecuadamente.

Google+ brilla cuando se trata de SEO. Obtener comentarios, que tus comentarios sean compartidos y plus (+) en tus contribuciones en Google+ funciona de maravilla cuando se trata de que tu sitio web sea altamente calificado en los buscadores, entre ellos, el propio Google. Y seamos realistas, ¿a dónde van todos primero cuando tienen una pregunta o buscan información? ¡Eso es correcto! Google! Debido a la afiliación obvia de Google y Google+, Google crea un back-link para los artículos, sitios web y otros contenidos con los que contribuyes, generando éxitos de SEO adicionales para tu empresa.

Con el tiempo, incluso puedes obtener un rango de Autoridad, que proviene de tener un gran círculo comunitario con mucha actividad, tanto la suya como la de otros en referencia a ti. En esencia, te permite obtener una clasificación más alta porque tienes una reputación en línea superior, además de que te otorga una calificación más alta al determinar quién ocupa las posiciones más altas en los resultados de optimización de buscadores. Este no es un rango fácil de obtener, por supuesto, pero invertir tiempo en Google+ para lograrlo puede generar resultados significativos para tu negocio.

Otra cosa importante para tener en cuenta acerca de Google+ es que, a través de Google Hangouts, estarás vinculado a Youtube, lo que te permitirá sincronizar perfectamente el uso de Google+ y Youtube. Esto aumenta los resultados de tu buscador en ambas plataformas, especialmente si alguna vez estás inclinado a incluir algunas transmisiones de video en vivo, que tienen varios beneficios. Se ubican en una posición más alta en los resultados de optimización de buscadores que los métodos tradicionales de filmación de video antes de su publicación. También demuestran verdaderamente tu carisma y competencia a tus clientes, así como también aumentan su confianza y respeto hacia ti, ya que es mucho más difícil falsificar u ocultar cosas mientras se proyecta un video en vivo.

Ten en cuenta que Google hará un seguimiento de tu actividad. Esto puede ser una bendición o una maldición dependiendo de lo que creas, pero si lo usas, puede ser una plataforma fantástica para seleccionar debido a su colaboración en Youtube y su propensión a ubicarte en los mejores resultados de optimización de buscadores.

Mercadotecnia de Instagram

Como ya sabrás, Instagram es un sitio web de redes sociales que permite a sus usuarios editar, filtrar y compartir imágenes y videos a muchas otras personas a través de Internet. También les permite a los usuarios compartirlos simultáneamente en Twitter, Facebook, Flickr y Tumblr. Según statisticbrain.com, Instagram tiene más de 183 millones de usuarios registrados que ya han compartido más de 18 billones de fotos y videos que acumulan un promedio de 1.65 mil millones de *me gusta* por día a partir del 11 de septiembre del 2015. Si eso no es lo suficientemente grande para ti, ¡no sé lo que es!

Las empresas también han empezado a tener más interés en Instagram para vender sus marcas, en particular porque las imágenes (y los videos) pintan mil (y más) palabras, y nuestros cerebros piensan mejor con las imágenes. Estos negocios principales incluyen G.E., Adidas, Virgin America, American Express, Intel y Red Bull, entre muchos otros. En realidad, casi todas las empresas importantes tienen algún tipo de presencia en Instagram, pero muchas no aprovechan al máximo la plataforma ni ejecutan una buena estrategia de mercadotecnia con Instagram.

Intel, por ejemplo, promociona sus últimos procesadores de vanguardia a través de Instagram con fotos de los últimos modelos de computadoras utilizados. Además de publicar imágenes en Instagram, publican imágenes altamente creativas que hacen que sus productos, que podrían ser "aburridos", cobren vida con entusiasmo. Cuenta con todo tipo de maravillas tecnológicas en su Instagram, que incluyen tanto productos ampliamente disponibles como opciones más excéntricas, pero de rápido crecimiento, como las impresoras 3D. Su cuenta de Instagram cuenta con una amplia gama de fotos que muestran diferentes imágenes de cómo los productos de Intel continúan influyendo en nuestra forma de vida como la conocemos.

En contraste, la cuenta de Instagram de Virgin America tiene un estilo menos creativo que la mayoría de los demás. En un momento dado, usaron fotos del muy popular cachorro Pomerania Boo, para promocionar en este sitio de redes sociales sus vuelos de primera clase como una compañía que permite perros en sus vuelos.

American Express promueve sus servicios financieros en Instagram, particularmente publicando fotos de los muchos eventos importantes que han patrocinado, así como también utilizando #hashtags para promocionar la imagen de sus productos como aquellos que son esenciales para la vida moderna.

Tenga en cuenta que, si bien puedes publicar videos cortos en Instagram, no es óptimo hacerlo. Si estás buscando promociones de video, tu mejor apuesta es YouTube, que está diseñado principalmente para subir videos. Concentra tus recursos en imágenes maravillosamente creativas e imágenes en Instagram para optimizar tu uso de esta plataforma de redes sociales en particular.

Publicar fotos en Instagram no es tan fácil como tomar fotos y subirlas, al menos no con fines de mercadotecnia en redes sociales. Antes de promocionar tus productos o servicios en esta plataforma de redes sociales, considera a tu público objetivo, la estrategia de compromiso óptima y lo que los llevará a hablar sobre tu marca y tus fotografías. Cuando conoces bien a tu audiencia, sabrás el tipo de imágenes que les gustarán. Instagram te permite ser verdaderamente creativo con tu mercadotecnia, permitiéndote usarlo para anunciar prácticamente cualquier producto. Una vez que conozcas a tu base de clientes, diseña una campaña de mercadotecnia bellamente bien representada que atraiga a la audiencia que estás tratando de atraer. Cuando conoces bien a tu público, también podrás desarrollar estrategias que harán que hablen sobre tu marca, lo que brinda oportunidades para el compromiso y, en consecuencia, la conciencia y promoción de la marca.

Mejores Prácticas

Al también publicar imágenes de las personas que están detrás de tus productos y servicios en Instagram, tú "humanizas" tu negocio al permitir que tus seguidores vean las manos y caras detrás de los objetos inanimados que están siguiendo en Instagram. Las redes sociales en todas sus muchas formas dependen, principalmente, de conectarnos con nuestros semejantes. Deja que tus clientes potenciales te vean a ti mientras trabajas, y sean testigo del lado práctico, emocional y personal de tu negocio, en oposición al resultado final que tan comúnmente ven. La humanización de tus productos y servicios permiten a tus seguidores conectarse con tu negocio a un nivel más profundo y aumenta tus posibilidades de convertirse en clientes potenciales y, eventualmente, clientes.

También puedes atraer más prospectos presentando imágenes que muestren cómo se crean y empaquetan tus productos o cómo se prestan tus servicios. El objetivo de hacer esto es que tus seguidores estén más familiarizados con tu marca para que puedan convertirse en clientes potenciales y clientes. Si entienden más de cómo funciona tu proceso desde el principio, es más probable que confíen en tus productos y, al hacerlo, también confiarán en tu negocio.

La mayoría de las personas son naturalmente curiosas y saber lo que conlleva la creación de elementos que disfrutan puede hacer que se sientan más apegados a dichos elementos, además de ofrecerles la tranquilidad de que los métodos que dices utilizar son tan éticos como tu sugieres, lo que le permite ganar confianza y lealtad adicional.

Simplemente no le des demasiados "detalles" para evitar que tu competencia te espíe y debilite.

Por último, usa #hashtags originales y atractivos, la táctica de mercadotecnia más efectiva de Instagram. El uso de buenos hashtags puede ayudar a que tu marca sea más visible para más personas, lo que puede llevar a más prospectos, clientes potenciales y, en consecuencia, ventas. Quieres una buena mezcla de hashtags únicos con hashtags más populares. Para evaluar la popularidad de un hashtag en particular, todo lo que tienes que hacer es escribirlo en el cuadro de búsqueda en Instagram y verás cuántas otras publicaciones están usando ese mismo hashtag.

Marketing de Youtube

Google posee esta plataforma que permite a sus usuarios subir, compartir, comentar y ver videos. Su buscador es probablemente el segundo más grande del mundo, al lado de su compañía matriz y, con mucha diferencia es el sitio web para compartir videos más grande del planeta. Como tal, es la mejor plataforma de redes sociales para usar videos en la promoción de tus productos y servicios. Pero con tantos videos subidos en YouTube, aproximadamente 72 horas de videos cada minuto que se cargan en el sitio, ¿cómo puedes llegar a tus audiencias objetivo de manera efectiva?

Lo primero que debes hacer es crear tu propio "canal" en YouTube, que no debería ser demasiado difícil ni complicado. A continuación, viene la parte más desafiante, produciendo videos muy atractivos para subir.

Entonces, ¿qué hacer para crear videos convincentes? Primero, considera el contenido, que debe comprometer a tus clientes objetivo en 15 segundos o menos. De lo contrario, tus espectadores se aburrirán y no se molestarán en mirar tus videos el tiempo suficiente para apreciarlos. Esto se debe a la sobrecarga de información a la que están sujetos todos los días. Para realmente involucrarlos en los primeros 15 segundos, usa las presentaciones animadas y rápidas para despertar su curiosidad y ganar su confianza. Esto les ayuda a esperar con ansias a ver algo grandioso en el video.

Otra cualidad importante que deben tener tus videos es el llamado a la acción, y esto es clave para que cualquier campaña de redes sociales tenga éxito. Puede colocar la llamada a la acción en cualquier punto del video, dependiendo, por supuesto, de tu mensaje. Solo asegúrate de no exagerar tus llamadas a la acción porque, por una parte, tener demasiadas llamadas de este tipo puede confundir a los espectadores o puede parecer agresivo. Después de todo, al igual que Facebook, la gente no está en YouTube para comprar cosas. Están allí para encontrar información o para entretenerse. Por lo tanto, debes asegurarte de que el contenido que proporcionas marque una o ambas casillas (con suerte ambas).

Algunas de las llamadas a la acción comunes y razonables que puedes considerar incluir en tus videos es que la gente se suscriba a tu canal de YouTube, comenten en tus videos, agreguen sus videos y visiten el sitio web oficial de tu marca y/u otras plataformas de redes sociales, entre otras. Estas son las solicitudes menos agresivas. Esto no le cuesta nada al espectador y si se sienten conectados contigo e inspirados por tu contenido, es posible que quieran apoyarte o al menos quieran escuchar más de lo que tienes que decir.

Y más que convincente, también debes publicar videos en YouTube regularmente para aumentar tu presencia en YouTube y, en consecuencia, aumentar el número de tus suscriptores. Una forma de garantizar la regularidad es crear videos más cortos de un contenido de formato largo en particular, es decir, dividir un tema o video largo en una serie de videos más cortos. En lugar de producir una "película", crea episodios más cortos que no solo sean más fáciles de ver y comprender, sino que también despierten más curiosidad e interés. Puede ayudar si liberas cada segmento nuevo en un día y hora designados, y permaneces constante.

Una vez que hay gente enganchada a tu canal, estarán ansiosos por ver tu nuevo video cada vez que se publique uno nuevo, y si les avisas cuándo será eso, incorporarán tu canal a una parte de su rutina diaria. Sin embargo, ten cuidado de evitar actualizaciones esporádicas o poco frecuentes, o es probable que tus seguidores se aburran y ya no anticipen el contenido, lo que conlleva menos lealtad y menos clientes. Se consistente y hazlo entretenido, y tus clientes actuales recomendarán tus videos a sus amigos, probablemente a través de las redes sociales.

Visibilidad De Video

Ninguna cantidad de coherencia en términos de publicación de videos interesantes y de alta calidad en YouTube compensará la falta de visibilidad. Después de todo, ¿de qué sirven los videos, si el contenido es excelente, pero si los usuarios no pueden encontrarlos? Si bien esto es más sobre la optimización de buscadores (SEO), que es un tema muy complicado de tratar aquí, puedes hacer lo siguiente para mejorar la visibilidad de sus videos y permitir que más personas lo vean.

Uno es títulos cuidadosamente escritos. Asegúrate de que los títulos de tus videos incluyan palabras clave específicas y que estén seguidos de dos puntos (:) para una visibilidad óptima. Un ejemplo de esto es un video sobre cómo autoeditar tu primer libro electrónico con un título de video "Éxito de autoedición: una guía para principiantes".

Después las descripciones de tu video, que deberá comenzar con una URL completa. También deberá proporcionar la mayor cantidad de detalles posibles sobre el video sin revelar sus atracciones o puntos principales para que la gente aún quiera verlo. En otras palabras, suficientes detalles sin spoilers.

Marketing de Twitter

Según una encuesta realizada por Ask Your Target Market, aproximadamente el 42% de las personas que usan Twitter lo hacen para seguir a las compañías o marcas. Y como tú eres un empresario que está buscando comercializar su negocio a través de las redes sociales, ¡es una gran noticia! Después de Facebook, Twitter es el segundo sitio de redes sociales más grande en términos de usuarios con más de 646 millones de usuarios a partir del 25 de septiembre del 2015, según statisticbrain.com. Ofrece un grupo de personas tremendamente diverso y de gran alcance al que les puedes comercializar, y a diferencia de los usuarios de Facebook, muchos usuarios de Twitter realmente quieren que se les comercialice. Como tal, Twitter puede ser otra excelente plataforma de redes sociales para comercializar tus productos o servicios.

En comparación con Facebook, se considera que Twitter es un sitio web de microblogs, es decir, solo puedes publicar actualizaciones de 140 caracteres como máximo. Inicialmente, este límite estaba destinado para hacerlo compatible con la mayoría de los teléfonos móviles y servicios de mensajería de texto. Desde entonces, se ha convertido en una característica útil y práctica para enviar y recibir información concisa y rápida entre muchas personas. Esto puede hacer que te sientas restringido, pero hay mucho que puedes hacer para llamar la atención y puedes decir más de lo que imaginas en 140 caracteres.

El uso de Twitter puede ayudarte a comercializar tu producto o servicios a través de las redes sociales al:
-Desarrollar relaciones productivas con bloggers y periodistas para relaciones públicas;
-Mejorar tu experiencia en la industria y reputación de

liderazgo de pensamiento;

-Promover las próximas actividades o eventos de tu producto o servicio;

-Ayudarte a descubrir cómo piensan y sienten las personas acerca de tu producto o servicio;

-Enganchar la base de clientes de tu producto o servicio; y

- Hacer crecer tu marca.

Mercadotecnia En Twitter

Puedes usar Twitter como una herramienta de mercadotecnia muy poderosa para ayudarte a dirigir más tráfico al sitio web de tu empresa, promocionar las actividades y eventos de tu empresa, controlar la actividad económica y compartir tu experiencia. Al insertar un enlace en tus tweets, llevas a la gente al sitio web de tu empresa y promueves cupones u ofertas especiales, les informas sobre desarrollos interesantes en tu producto o servicio y les brindas acceso a contenido muy interesante y de calidad. Los fanáticos pueden incluso reenviar las cosas que compartes en Twitter si encuentran que tu contenido es muy bueno y único. Esto multiplica o aprovecha la cantidad de tráfico que se puede dirigir al sitio web de tu empresa y, como tal, obtienes acceso a más clientes potenciales de mercadotecnia. Puedes solicitar gentilmente y con entusiasmo que las personas se tomen el tiempo de retuitear el contenido que disfrutaron, generando así un mayor interés en tu empresa y lo que tienes que decir o, más precisamente, lo que tienes que twittear.

Al usar la pestaña "Conectar" en tu cuenta de Twitter, puede monitorear las actividades de tu producto o servicio en Twitter. También puedes hacerlo inscribiéndote para recibir actualizaciones que se envían por correo electrónico. Por último, puedes usar el software para ver de cerca todas las actividades de Twitter de tu producto o servicio.

El boca a boca es una de las mejores maneras de comercializar un producto o servicio. Y los testimonios son una de esas formas en que tu negocio puede promoverse de boca en boca. Piénsalo: con qué frecuencia les pides recomendaciones a amigos o colegas. Si alguien a quien respetas te recomienda algo, de repente estás más inclinado a optar por el producto recomendado en lugar de los competidores. A menudo, estamos tan abrumados con las opciones que la recomendación de un amigo es lo único que tenemos para escoger, y eso decide por nosotros.

Una muy buena manera de recopilar buenos testimonios de tu producto o servicio es mediante la función "Favoritos" de Twitter. Dichos testimonios son una prueba social importante para tu producto o servicio y pueden ayudar a mejorar la imagen de tu producto o servicio, haciéndote más popular. Las personas son criaturas intrínsecamente sociales, y si algo es popular y está a la moda, por lo general también quieren probarlo. Cuantos más clientes te tengan como negocio favorito, más comentarios positivos tendrás efectivamente. Eso aumentará tu reputación ante los ojos de cualquier consumidor de redes sociales.

    Usar esta función es tan fácil como el 1-2-3. Solo tienes que mantener el curso sobre cualquier tweet en tu stream y luego aparecerá una lista de opciones, desde la cual puedes hacer clic en "Favorito". Tus productos o servicios obtienen más pruebas sociales a medida que aumenta el número de tweets favoritos contenidos en tu pestaña. También vale la pena favorecer los tweets que comparten tus seguidores y clientes potenciales, especialmente aquellos que apoyan o hacen referencia a tu negocio o negocios relacionados. Muestra a los clientes que tú estás escuchando e interactuando con ellos, y los haces sentir especiales.

    Una forma en que puede promover o comercializar las actividades promocionales de tu empresa, como campañas, webinars o eventos, es mediante el envío de tweets y la inserción de un enlace que dirigirá a las personas a la página de registro de tu evento. Es mejor que hagas un hashtag muy bueno para tu actividad antes de que incluso twittees al respecto. Incluir hashtags diversos y descriptivos asegurará que tus tweets estén presentes en varias categorías diferentes y aumente tu visibilidad. El uso inapropiado o simplemente la falta de hashtags hará que tus tweets no reciban mucha atención. Así que aprovecha esta herramienta promocional gratuita.

    Puedes ayudar a que tu marca se convierta en una de las preferidas o en las más importantes al enviar tweets de recursos y consejos útiles con regularidad. Mientras haces esto, es mejor enviar una buena cantidad de tus recursos originales o propios y los de otras personas. Además de establecer el liderazgo de tu producto o servicio, también puedes proyectar una imagen humilde y abierta. Esto te hace parecer agradable, casi humano, pero también conocedor. Una fuente en la que las personas pueden confiar y depender es un recurso que felizmente utilizarán.

Cuando uses Twitter, ten en cuenta que hay una serie de herramientas y programas que puedes utilizar para maximizar el tiempo que gastas y asegurarte de obtener la mayor cantidad de seguidores. Muchas de estas funcionan al hacer las cosas más fáciles para ti al buscar personas y compañías a las que seguir, y te ayuda a darte cuenta de que alguien al que alguna vez seguiste, se ha vuelto inactivo para que puedas dejar de seguirlo. Vale la pena señalar, por supuesto, que muchos de tus clientes también usarán estas herramientas, así que esfuérzate por asegurarte de que tu propia actividad no sea demasiado baja para que no los decepciones.

Relaciones Públicas

Las relaciones públicas son una parte muy importante de cualquier campaña de mercadotecnia eficaz, tradicional o moderna (es decir, las redes sociales). Una forma de hacerlo es presentar tu negocio y tus productos y servicios a aquellos que pueden difundir información sobre ellos: los medios de comunicación. Debido a que muchas personas de los medios de comunicación, como bloggers, reporteros y periodistas también están en Twitter, solo tiene sentido usar este sitio de microblogs para relaciones públicas efectivas.

Una forma de hacerlo es seguir primero o suscribirte a los blogs que sean más populares o conocidos en su sector o nicho en particular. A partir de ahí, puedes obtener ideas sobre qué autores o personalidades de Twitter influyentes o beneficiosos sería mejor seguir. También puedes seguir a periodistas conocidos que cubren tu industria o nicho, y tuitear sobre tus trabajos publicados y obtener sus opiniones sobre temas relacionados con la industria o nichos, lo que puede ayudarte a ponerte de su lado. Una vez que lo hagas, puede tuitearlos sobre sus productos o servicios, teniendo cuidado de no "venderles" nada. El establecimiento de relaciones profesionales personales con personas influyentes puede hacer mucho para promocionar tus marcas. En muchos casos, no te costará nada, y tener amigos poderosos e influyentes como estos efectivamente resulta en publicidad gratuita para ti. Favorece y re tuitea lo que dicen, conoce sus opiniones sobre las cosas, y tu negocio florecerá, ya que su aprobación animará a nuevos clientes potenciales a convertirse.

Mercadotecnia de Pinterest

Pinterest, como Instagram, se especializa en imágenes y fotos. Como tal, para usarlo con éxito, debes dominar el arte de poner tus productos y servicios de manera creativa en una imagen de una forma que llame la atención y atraiga a tus clientes potenciales. Pinterest permite a los usuarios fijar (pin) imágenes que les atraen a su página de Pinterest. Cada pin incluye un enlace a un sitio externo, como el de tu empresa. Pinterest funciona de manera similar a un buscador, donde los usuarios pueden buscar palabras clave o frases para encontrar imágenes adecuadas que se ajusten a sus gustos.

Podrías preguntarte si deberías elegir Pinterest o Instagram considerando las similitudes. Pinterest puede funcionar muy bien para aumentar tus fuentes de SEO y, como tal, debe considerarse como una alternativa o adición a Instagram. También dependerá, por supuesto, de la demografía que deseas orientar. Ambas plataformas cuentan con un gran número de mujeres, pero Instagram cuenta con más adolescentes, mientras que en Pinterest por lo general se promocionan a aquellas personas con intereses en manualidades o proyectos creativos.

Quienes usan Instagram generalmente buscan experiencias personales e imágenes inusuales, mientras que en Pinterest las personas buscan consejos, tutoriales e inspiración, principalmente. Ciertamente, puedes utilizar ambos recursos, pero puedes adaptar tu contenido en consecuencia o seleccionar el que se adapte a tu producto. Además, Pinterest es bastante popular entre las personas que buscan recetas, bricolaje, decoración del hogar y artesanía.

Pinterest te permite crear tableros temáticos hermosos y espectaculares, que son colecciones de imágenes que pueden contar una historia o llegar a tu corazón si se ensamblan y ordenan con cuidado. Puedes utilizar esta función para representar un producto o una promoción y para alentar a las personas a que fijen imágenes de tu tablero de Pinterest, lo que aumentara la popularidad de tu negocio. Puedes fijar imágenes, artículos, consejos, cualquier cosa informativa, estimulante, útil o de otro modo convincente, aunque asegúrate de seleccionar algo que complemente los objetivos de tu negocio y que inspire a tus clientes. Como siempre, usa los hashtags de forma adecuada para generar un mayor interés en las cuentas de redes sociales de tu empresa.

Pinterest también te permite obtener el respaldo y el reconocimiento de tus clientes actuales y futuros, así como el reconocimiento de otras empresas con las que podrías querer trabajar al fijar el contenido que publican en tu tablero. Al hacerlo, los enlaces vuelven a su página y, a su vez, también pueden apoyarte, lo que puede generar una cantidad sustancial de tráfico en tu sitio web.

Si reúnes tableros de Pinterest creativos, útiles y visualmente atractivos, puede ser un gran recurso para obtener más visitas a tu sitio, lo que puede ser particularmente útil si estás comenzando y aún intentas generar conciencia. Instagram se queda corto aquí, ya que muy poco estará vinculado a tus otros sitios y eso puede hacer que sea más desafiante si aún estás en las primeras etapas de atraer a los clientes.

Sin embargo, ten cuidado: Pinterest no mostrará a quienes estén interesados en tus pines o en todo lo que publiques. La plataforma recomienda contenido para sus usuarios en función de sus intereses, que genera a partir de lo que han visto y fijado durante un período de tiempo. Como tal, si tus propias contribuciones no son del todo consistentes, algunas cosas nunca serán vistas por tus posibles clientes. Si aún no estás seguro entre Pinterest e Instagram, considera usar LinkedIn para examinar las opciones de tus competidores. Si todos parecen favorecer a unos sobre los otros, puede que estos se adapten mejor a tus productos y servicios. Dicho esto, una actitud pionera no deja de tener sus méritos y, si adoptas la opción menos popular, podrías encontrar la oportunidad de brillar.

Pinterest es una plataforma de redes sociales que vale la pena considerar, con aproximadamente 70 millones de usuarios y oportunidades únicas para compartir contenido organizado y generar vistas mucho mayores de tus otros sitios, especialmente si te diriges a mujeres adultas jóvenes como parte de tu grupo demográfico.

Mercadotecnia de Tumblr

Tumblr es otra red de redes sociales principalmente visual con una cantidad cada vez mayor de usuarios jóvenes que sirven como su audiencia principal. Puedes incluir trabajos escritos y artículos en Tumblr, pero su uso ideal es más adecuado para imágenes, GIF animados y videos, cortometrajes o películas. Los archivos de audio también están recibiendo mayor atención en Tumblr y, por lo tanto, podría ser una buena área para explorar si tu empresa se presta a ese tipo de contenido.

En Tumblr, una buena estrategia para ganar seguidores y atención es simplemente seguir a los demás, preferiblemente aquellos dentro de tu mercado objetivo. Tumblr no muestra la cantidad de personas a las que estás siguiendo o la cantidad de personas que te siguen. Esto te permite conocer de manera segura a tu audiencia y personalizar tus propias publicaciones y contenido para satisfacer sus intereses. Incluso es una plataforma que te permite publicar, seguir o apreciar de otro modo el contenido creado por fanáticos en función de tus productos, servicios o negocios, un gesto halagador que demuestra lealtad y conciencia por tu empresa.

De esta manera, puedes involucrar a los clientes al hablar con ellos directamente y permitirles efectivamente que realicen parte de tu publicidad por ti. Si organizas concursos para que tus seguidores generen contenido creado por tus fanáticos y ofreces un premio a la mejor creación, tendrás una excelente promoción que es divertida para todos los involucrados. Recomiendo que la comunidad vote por la mejor en tales competencias, para que sea una experiencia emocionante incluso para aquellos que no participan directamente. Cualquier presentación puede ser usada y apreciada en tus propias campañas de mercadotecnia, tanto en Tumblr como en otros sitios de redes sociales.

Al igual que con Pinterest e Instagram, hacer cosas visualmente impactantes realmente atraerá a la comunidad de Tumblr. Sin embargo, a diferencia de esas dos opciones, los hashtags no son una opción en Tumblr, por lo que debes incluir palabras clave convincentes para que tus publicaciones y contenido sean notados. Trata de presentar piezas llamativas que desencadenen una respuesta emocional, o algo humorístico, y es probable que vayas muy lejos en Tumblr.

Mantener la imagen de tu marca consistente

No importa qué cual sea la imagen de tu marca, debe ser consistente a lo largo de tu campaña de mercadotecnia en las redes sociales y especialmente en todas las plataformas. Las redes sociales te permiten proyectar tu marca no solo a miles, si no a millones de personas en tu área o en todo el país, y la identidad única de tu marca debe conservarse.

El problema es que mantener la imagen de tu marca consistente a lo largo de tu campaña en las redes sociales es más difícil hoy en día que en el pasado. Cuando las redes sociales estaban en su infancia y los dueños de negocios estaban comenzando a darse cuenta de los beneficios de la mercadotecnia a través de las redes sociales, era muy sencillo mantener una imagen de marca constante durante todo el proceso de mercadotecnia. Hoy en día, aunque es más desafiante mantener esta consistencia, podría decirse que es aún más importante ahora que nunca.

Afortunadamente, hay algunos consejos que puedes seguir para asegurarte de que tu imagen de marca se mantenga lo más consistente posible durante todo el proceso de comercialización. Y cuando decimos "imagen de marca", no solo nos referimos al logotipo literal de tu marca. Nos referimos a mantener el aspecto de tu marca, el mensaje subyacente o el tema, y expresar lo mismo en todo el proceso de mercadotecnia.

Averigüemos cómo puedes hacer esto:

Asegúrate de que la apariencia de tu marca y su contenido sean consistentemente familiares

Si bien todas las redes sociales funcionan de manera diferente o tienen un diseño único, eso no significa en absoluto que la apariencia o el diseño de tu marca deban cambiar entre las redes sociales. De hecho, lo opuesto es verdad.

Por ejemplo, los colores y las fuentes que usas en tus redes sociales deben ser consistentes en tu contenido. La biografía de tu empresa también debe ser la misma en todas las redes sociales, al igual que cualquier imagen de marca o imagen de perfil que necesites también debe ser la misma.

Asegúrate de que la voz de tu marca es consistente

La voz de tu marca no es solo el estilo que usas para hablar sobre tu contenido, es la forma en que interactúas con tu audiencia. Por ejemplo, ¿es la voz de su marca ingeniosa y enérgica, o tranquila y seria? Independientemente del estilo de tu voz, debes incorporarla en todas partes: en el contenido que publicas y compartes, en las publicaciones de tu blog y en cómo interactúas con los usuarios en todas las cuentas de redes sociales. Hacerlo de esta manera, solidificará tu presencia en las redes sociales y hará que las personas te reconozcan mejor.

Publicar regularmente ... mejor dicho diariamente.

Para asegurarte de que tu imagen de marca se mantenga constante, también debes asegurarte de que tus publicaciones sean consistentes. La publicación sistemática no solo brindará más oportunidades para que los usuarios se comprometan contigo, sino que también te permite desarrollar tu voz e identidad. Tal vez tengas una idea de lo que quieres que sea, pero aún no los ha probado. Publicar diariamente, como mínimo, te permite experimentar hasta encontrar la voz de marca adecuada que necesitas. Finalmente, una vez que comiences a publicar diariamente, simplemente se convertirá en un hábito y eso es bueno para garantizar que los usuarios estén viendo contenido nuevo todos los días.

Reubicar contenido

Cuando decimos reubicar contenido, simplemente queremos decir que tomas contenido que ya has publicado y luego encuentras un nuevo giro para ponerlo en él. Por ejemplo, supongamos que has escrito una entrada de blog hace dos meses que contiene muchos números y cifras. Ahora puedes reutilizar ese contenido convirtiendo las cifras y los números en la publicación del blog en un gráfico fácil de ver que luego puedes publicar en tus páginas de redes sociales para que los usuarios y seguidores puedan compartirlas.

Quinto pilar: seguimiento de su competencia

No olvides que tu competencia también utilizará las redes sociales como parte de su estrategia de mercadotecnia. Vigila a tus principales competidores y sus competidores en desarrollo y ve qué puedes aprender de ellos en lo que respecta a palabras clave y conocimiento. Si tus competidores tienen éxito en sus campañas de mercadotecnia en las redes sociales, identifica lo que están haciendo bien y luego piensa en cómo puedes hacer lo mismo de una manera más innovadora y atractiva.

Al realizar un seguimiento de tu competencia, podrás desbloquear nuevas oportunidades mientras te das cuenta de fallas pasadas y hacer lo que puedas para evitar esas fallas. De cualquier manera, obtendrás una nueva y valiosa información sobre la mercadotecnia en las redes sociales y encontrarás maneras de superar a tus competidores poco a poco.

Aquí hay algunas cosas que debes buscar al realizar un seguimiento de tu competencia:

¿Qué palabras clave están usando tus competidores?

Descubrir qué palabras clave están usando tus competidores puede llevar mucho tiempo y es difícil, pero al analizar exhaustivamente su contenido y sus publicaciones en un blog, deberías poder identificar varias palabras clave que aparecen repetidamente. Si hay muchas palabras clave que aparecen continuamente, muestra que están haciendo algo bien.

¿Qué tipo de contenido es el más popular?

De todos los contenidos que publican tus competidores, ¿cuál es el más popular? En otras palabras, ¿qué contenido de ellos está obteniendo la mayor parte de las acciones, está recibiendo la mayoría de los "me gusta" o los comentarios, y parece ser el que más circula por Internet?

Una vez que encuentres el contenido que parece ser el más popular, puedes determinar qué tipo de contenido es. ¿Se comparten más los videos, fotos o publicaciones regulares? ¿Y cuál es el tema de ese contenido que se comparte repetidamente? Esto te permitirá ver qué es lo que más le gusta a la gente en su nicho de mercado. Luego, al embarcarte en tu propia campaña de redes sociales, enfócate en el mismo tipo de contenido que está demostrando ser el más popular entre tus competidores.

Monitorea la actividad de tus competidores

Monitorea todas sus cuentas de redes sociales. Suscríbete a todas ellas, no solo a una o dos. Debes estar al tato de cualquier actualización nueva que realicen tan pronto como se publique. Esto te dará una mejor perspectiva de lo que están compartiendo y lo que está demostrando ser lo más exitoso. Esto también te ayudará a comprender en qué dirección se están moviendo como compañía y te ayudará a planificar tus propios esfuerzos en consecuencia.

Además, supervisa con qué frecuencia o qué tan bien responden tus competidores a los comentarios de los usuarios. ¿Responden 24 horas después o solo una hora después? ¿Responden de una manera que sea útil o no? ¿Ves quejas consistentes que puedes capitalizar? Por ejemplo, si tu producto es un software y los usuarios de un software de la competencia se quejan continuamente de fallas en el sistema, quizás puedas centrar una campaña en torno a tu sistema libre de fallas. No mencionarás directamente a tus competidores, pero los clientes que están frustrados con tus competidores pueden ver tu mensaje y considerar cambiarse a tu marca.

¿Hay enlaces a los que tus competidores enlazan y, de ser así, cuáles son los patrones que puedes detectar en esos enlaces? ¿Están vinculados al mismo blog o sitio repetidamente, o diferentes blogs y sitios?

Lee los blogs de tus competidores

Finalmente, si tus competidores están manejando blogs, debes ser un lector regular de ellos. Esta es una de las mejores cosas que puedes hacer para generar ideas para tu propio blog de una manera que puedas superar a tus competidores.

Revisa el blog (s) de tus competidores diariamente y lee cada uno de sus mensajes a fondo. Nuevamente, busca cualquier palabra clave, patrones en su estilo de escritura, si sus publicaciones son largas y detalladas o cortas y van al grano, y qué tipo de comentarios reciben de los lectores. Si tu competidor está ejecutando un blog exitoso, entonces sabrás lo que necesita hacer con el tuyo. Pero si tu competidor no está ejecutando un blog exitoso, entonces de todos modos, tus sabes lo que no necesitas hacer también.

Sexto Pilar: Subcontratación (Outsourcing) y Gestión del Tiempo

El tiempo que necesitas ahora

El tiempo es el único producto que no puedes comprar, vender o intercambiar y, sin embargo, es la única cosa que a todos les encantaría tener.

Con demasiada frecuencia, el tiempo que crees que tienes no es el tuyo. El tráfico, las reuniones y un aluvión constante de interrupciones engullen el tiempo que pensabas que tenías en tu agenda, lo que a menudo hace que cambies y vuelvas a enfocar las actividades del día. Con solo 24 horas en un día, la mayoría de las personas se encuentran comiendo en el trabajo, llevándose las tareas a casa e incluso abandonando el sueño para maximizar su tiempo. El resultado es que son menos productivas que nunca.

La pregunta es, ¿cómo aprovechar al máximo lo que tienes?

Si deseas encontrar una manera de controlar tu tiempo, no estás solo. Existen estrategias de administración del tiempo que pueden ayudarte a ser productivo, lograr tus objetivos y, lo más importante, controlar tu programación para que tengas tiempo de hacer todo lo que desees.

La gestión del tiempo comienza con las prioridades. La lección del frasco de vidrio con piedras, guijarros y arena puede ayudarte a comprender cómo priorizar las cosas más importantes en tu vida, así como a administrar tu tiempo.

Tal vez hayas visto la presentación sobre cómo administrar tu tiempo. En esta lección, un profesor mostró un solo frasco de vidrio grande. El frasco representa tu vida.

A continuación, el profesor sacó una bolsa de rocas de río grandes. Tomó una y la levantó para que todos pudieran ver su tamaño.

--Esta roca --dijo--, como muchas otras similares, representa las grandes cosas en tu vida. Estas son las cosas que tu valoras más que nada, como tu familia, tus metas, tu salud e incluso tu educación.

El profesor vertió las rocas del río en el frasco.

--¿Crees que el frasco está lleno? --preguntó. La clase afirmó que lo estaba.

A continuación, el profesor levantó una bolsa de piedras para que todos la vieran.

--Estos representan tu carrera, pasatiempos, amigos e incluso tu hogar --dijo.

Vertió los guijarros en el frasco y llenaron los espacios dejados por los grandes eventos de la vida representados por las rocas del río.

--¿Está lleno ahora el frasco? --preguntó el profesor. La clase estaba segura de que lo estaba.

--No tan rápido --dijo el profesor--, luego vienen los pequeños detalles, las minucias que pueden complicar tu vida si las dejas. Pero cuando vierta esta arena en la jarra de vidrio, todavía no estará llena.

La arena se vertió en la jarra y comenzó a llenar los huecos y espacios entre las rocas y las piedras.

A continuación, el profesor añadió agua al frasco. La clase estaba convencida de que no había espacio para nada más. El tarro estaba lleno.

--¡Esperen! --dijo el profesor--. ¡Siempre hay lugar para la sorpresa y el deleite!

Con eso, para el encanto de los estudiantes, dejó caer un colorido pez en el frasco. Fue un recordatorio de que incluso cuando tu agenda está llena hasta el borde, aún puedes hacer espacio para disfrutar de la belleza y el placer.

Sin embargo, si el profesor hubiera llenado primero el frasco con arena, no habría espacio para las cosas que realmente importaban.

Las estrategias efectivas de administración del tiempo, como priorizar lo que es importante y lo que no lo es, pueden ayudarte a controlar tanto las cosas importantes como las pequeñas que toman tiempo en tu día. Las estrategias de gestión del tiempo no tienen por qué ser difíciles. A menudo son bastante simples.

La parte difícil es hacerlas para que puedas obtener el tiempo que necesitas ahora.

Por qué no puedes hacer nada

¿Alguna vez ha tenido suficiente tiempo para hacer algo y te diste cuenta de que simplemente no pudiste cumplir con tu fecha límite?

O tal vez hay demasiado en tu calendario. Tu horario se desborda; tiene notas adhesivas encima de tus notas adhesivas como recordatorios de todo lo que debes hacer. Y, sin embargo, a pesar de todas tus buenas intenciones, es imposible hacer lo que te propusiste.

Hay muchas razones por las que eso sucede.

Distracciones

Vivimos en un mundo de distracciones. Con el ataque de la tecnología, nuestras vidas pueden parecer tan ocupadas como una metrópolis urbana que nunca duerme y nunca apaga las luces.

Algunas distracciones son inevitables, pero la mayoría las llevamos con nosotros o buscamos intencionalmente.

Quizás la mayor distracción sea la que usamos para negocios y entretenimiento. Nunca deja nuestras manos o nuestros bolsillos. Le damos a nuestros teléfonos celular el poder de mantener nuestra atención y evitar que hagamos lo que deberíamos estar haciendo. Aunque pueden ser una gran herramienta, el teléfono celular es una fuente de distracción constante porque puedes consultar las redes sociales y las noticias, reproducir música y juegos, y responder a las comunicaciones digitales y de voz. A menudo es posible participar en varias de estas actividades simultáneamente.

Tu teléfono celular ofrece infinitas diversiones, y es la distracción número uno en la actualidad. Los maestros no quieren que sus estudiantes los tengan en clases, las ciudades les prohíben a los conductores usarlos mientras conducen y los jefes los desprecian al verlos en una reunión.

Sugerencia para ahorrar tiempo: pon tu teléfono en modo de silencio cuando estés trabajando en una tarea, eso significa que no hay tono de llamada ni vibración. Los sonidos te tentarán a levantar el dispositivo móvil para echar un vistazo a lo que está pasando. Tienes correo de voz en tu teléfono y puedes configurar tu correo electrónico con una respuesta automática. Si es necesario, ambos dispositivos de correo pueden indicar que devolverás los mensajes dentro de una hora.

Comenzando y nunca terminando

El seguimiento es la diferencia entre hacer el trabajo y dejarlo sin terminar.

Si juegas golf, sabes que para conducir la pelota de golf hacia donde quieres que vaya, tu swing determina la dirección y la velocidad de la pelota. Una vez que te comprometas, tienes que seguir adelante. No te detengas cuando el club hace contacto con la pelota, sigue para completar el recorrido.

La gestión del tiempo de tu horario es muy similar. Piensa en la pelota como el proyecto en el que estás trabajando. El swing es el trabajo que estás haciendo. El hecho de que hayas hecho contacto con tu proyecto y lo hayas iniciado no significa que todavía puedas alejarte. Tienes que seguir adelante, al igual que el swing de golf.

Si nunca terminas el swing o el proyecto, tu corazón nunca estuvo en él o no viste la importancia del esfuerzo que llevaría completar la tarea.

Emergencias

Las emergencias ocurrirán, especialmente cuando menos las esperas. No todas las emergencias se pueden prevenir. Sin embargo, puedes estar preparado para la crisis antes de que suceda.

Ten un plan de respaldo para los momentos en que sabes que va a tener que perder el almuerzo. Eso puede significar tener un montón de barritas energéticas u otros bocadillos en el cajón de tu escritorio para no vaciar las máquinas expendedoras de bocadillos. Al estar preparado, no tienes que preocuparte por quedarte sin combustible.

A veces otras personas tienen emergencias que te afectarán. Esto sucede con frecuencia en los consultorios médicos. Las emergencias de pacientes que requieran la atención inmediata del médico pueden demorar tu cita y hacer que tu horario se salga de control. Para administrar mejor el tiempo en caso de una situación inevitable, lleve algo con lo que puedas trabajar. Por ejemplo, usa el tiempo para ponerte al día con tu lectura o correos electrónicos que deben ser devueltos. Puedes cambiar tu horario después de tu cita.

Procrastinación

La procrastinación sigue siendo el mayor aniquilador de la gestión del tiempo. Incluso si tienes un cinturón negro en la programación y planificación y mantienes tus distracciones al mínimo, todavía existe la posibilidad de que pierdas la noción del tiempo gracias a la procrastinación.

La procrastinación es lo único en lo que la mayoría de las personas son buenas. Es natural dejar de lado lo que puedes hacer mañana, pero que deberíamos estar haciendo hoy. Te dices a tí mismo:

--Tengo mucho tiempo.

Si haces eso muchas veces, pronto descubrirás que te has quedado completamente sin tiempo y ahora te enfrentas a una crisis de tiempo imposible.

En una situación como esta, ocurrirá una de dos cosas. O finalmente encontrarás tu enfoque y avanzarás para completar el proyecto en el que estás trabajando, o lo abandonarás por completo y trabajarás en otra cosa.

Si elige el primer camino, puedes terminar sin dormir, comiendo comida chatarra y posponiendo todo hasta que tengas tiempo de hacer algo. Renunciar significa que tienes un proyecto más que no pudiste terminar. Es posible que el proyecto no haya sido especialmente importante para ti en primer lugar. Descubriste que no tienes pasión por eso.

Independientemente de la razón por la que te rendiste, a nadie le gusta ser conocido por comenzar y no poder terminar un proyecto. Tu mejor jugada es asumir menos proyectos, administrar mejor tu tiempo o dejar de asumir tareas por las que no tienes pasión.

Las habilidades sólidas de administración del tiempo pueden mantenerte en el camino y ayudarte a completar tus proyectos a tiempo.

Podrías sentirse tentado a pensar que mientras más organizada esté una persona, será mejor su manejo del tiempo. Eso no siempre es cierto. De hecho, la mayoría de las personas con TOC pueden encontrar formas de auto sabotear sus propias habilidades de administración del tiempo. Están demasiado ocupadas tratando de hacer que todo sea perfecto. Al buscar la perfección, ellos también postergan, incapaces de abandonar un trabajo que ya está bien hecho.

Entonces, ¿cómo hacer las cosas? No todas las estrategias funcionan de igual manera para todos, y muchas personas usan varias estrategias para enfocarse en encontrar lo que se debe hacer y terminar sus proyectos.

Prueba algunos de estos consejos para ahorrar tiempo:

Haz una lista de tareas

A veces, la forma más fácil de administrar el tiempo es averiguar en qué necesita gastar tu tiempo. La lista puede ser una forma simple y eficiente de catalogar todo lo que necesitas para hacer. Lo bueno es que a medida que completas cada elemento de tu lista, puedes marcarlo. Al colocar una marca junto a cada tarea, puedes ver el progreso que estás haciendo. El éxito da paso a más éxito. Cada vez que marcas uno de los elementos, sabe que estás progresando mucho más.

Hay quienes dicen que la lista por la que vives es

también la lista que puede matarte. Eso puede ser cierto si escribes cada cosa que haces en un día. Imagínate si tu lista de cosas por hacer comenzara con despertarse, tirar las sábanas, colgar las piernas fuera de la cama, colocar los pies en el piso ... Pasarías tanto tiempo anotando las cosas en tu lista y marcándolas que nunca lograrías nada importante.

En esencia, estás enfocando tu tiempo en la arena de tu jarrón de la vida. Nunca llegarás a los guijarros o las rocas que representan las cosas más importantes de tu vida.

Utiliza un temporizador

El uso de un temporizador ha sido una herramienta invaluable para muchas personas. No es razonable pensar que puedes comprometerte a ocho horas de trabajo interrumpidas. De hecho, intentar comprometerte a varias horas de trabajo ininterrumpidas puede generar fatiga. Es posible que disminuyas la velocidad al intentar completar la tarea que esta frente a ti. Eventualmente, te encontraras sin energía.

En su lugar, reserva una cantidad predeterminada de tiempo. Dentro de este período de tiempo, podras finalizar tu trabajo y tener un breve descanso. Trabaja durante el tiempo indicado y luego toma un descanso. No es justo seguir adelante durante el tiempo de descanso. Levántate de tu silla, camina brevemente, sal, toma un vaso de agua o una taza de café y regresa a tu escritorio y tu próximo segmento de trabajo se reactivará y estarás listo para comenzar.

Algunas personas encuentran que pueden trabajar mejor en incrementos de 80 minutos seguidos con un descanso de 10 minutos. A otros les gusta un período de trabajo de 45 o 60 minutos seguido de un descanso.

Una de las técnicas de gestión del tiempo más exitosas es la técnica Pomodoro. La idea es seleccionar una tarea y trabajar en ella durante un período de 25 minutos. Cuando suene el temporizador a los 25 minutos, toma un breve descanso de no más de cinco minutos, pero no menos de dos minutos. Después de haber completado un conjunto de cuatro Pomodoros, permítete tomar un descanso más largo, desde 15 a 30 minutos.

Usar un temporizador puede mantenerte concentrado en tus tareas y darle a tu mente el descanso que necesita. También aprenderás cómo medir de manera efectiva cuánto puedes lograr en un período de tiempo designado. Y como resultado, podrás planificar mejor tu agenda.

Subcontrata Subcontrata Subcontrata

Si eliminas algo de esta sección, deje que sea esto: la subcontratación puede permitirte llevar tu negocio al siguiente nivel. Uno de los mayores errores que cometen los empresarios y dueños de negocios es que creen que tienen que hacer todo por sí mismos. O bien, piensan que necesitan ser una gran corporación con mucho dinero antes de poder tener empleados. Esto no solo es falso, sino que esta creencia te impide alcanzar el éxito en tu negocio.

Hoy en día, con sitios web como Upwork y Fiverr, tienes acceso a cientos de miles de profesionales independientes en todas las industrias al alcance de tus manos. Todos compiten por trabajo y, por lo tanto, los precios son buenos debido a la competencia y la calidad también es buena. Cualquier aspecto de tu negocio que puedas subcontratar: encuentra la manera de hacerlo. Si eres una persona de negocios, probablemente no seas un diseñador gráfico. Contrata a un profesional independiente para diseñar cosas para tus campañas de mercadotecnia, no solo el producto final se verá mucho mejor, sino que también te ahorrarás horas de esfuerzo y frustración.

Incluso puedes contratar a un asistente virtual e investigadores para que hagan todo el trabajo duro para tus campañas de mercadotecnia. Si necesitas que alguien haga toda la investigación y te proporcione informes de lo que hacen tus competidores o te proporcione información de mercado, puedes obtenerla por un excelente precio. Si necesitas a alguien que maneje las cuentas de redes sociales de tu empresa y haga un seguimiento con cada comentario y cada follow y unfollow, puedes contratar fácilmente a un asistente virtual para hacer esto.

Lo que esto hace es que te permite concentrarte todo el tiempo en el crecimiento del negocio. Serás libre de pensar en grande. En lugar de tener que hacer todos los detalles tediosos, podrás simplemente dirigir a los demás, confiar en que el trabajo se realizará y luego pensar en grande. Piensa en lo siguiente. Solo permítete trabajar en cosas en las que realmente te destacas: subcontrata todo lo demás. Piensa en las cosas que solo tú puedes hacer en el negocio y subcontrata todo lo demás. Si no aprovechas la revolución de la subcontratación y el trabajo independiente que está ocurriendo bajo tu nariz, tu empresa solo crecerá a la velocidad de un caracol o simplemente morirá por completo.

Séptimo Pilar: Valora Primero, Dinero Después

¿Por qué crees que incluso tus amigos y abuelos están en las redes sociales, particularmente en Facebook? ¡Bueno, es porque es muy divertido estar allí! Nunca ha habido un momento como este, gracias a las redes sociales, donde cualquier persona pueda conectarse con tanta gente, expresarse en formas y magnitudes nunca antes disponibles y obtener tanta afirmación (u odio, según sea el caso). Y en muchos casos, un privilegio tan grande es abusado o usado de manera irresponsable.

Si las posibles repercusiones para ti personalmente pueden ser indeseables cuando usas tu cuenta personal de redes sociales de manera irresponsable, piensa en cuánto más los efectos indeseables podrían ser en tu marca o negocio si manejas las redes sociales de manera que puedan avergonzarte. Dicho esto, aquí hay algunos principios básicos que, si se siguen, te ayudarán no solo a evitar repercusiones negativas en tu marca, sino también a maximizar tus ventas.

Hablar como un egipcio

Hablando en serio, lo que quiero decir con esto es publicar como una persona, como lo harías naturalmente en tu cuenta personal. Ahora déjame aclarar esto. No estoy diciendo que publiques en las cuentas de redes sociales de tu empresa o marca sin filtrar tu contenido y solo publica cómo te gustaría publicar.

Lo que quiero decir con publicar como persona es no publicar de una manera muy rígida o de tipo comercial. En otras palabras, haz que tu contenido bien elaborado parezca conversacional en lugar de corporativo o como una presentación. En lugar de escribir «Evalúe las características clave de la marca X en el momento más conveniente», puedes expresarlo de esta forma:

--¡Hola amigos! ¡Echen un vistazo a las características de nuestro producto más reciente tan pronto como puedan!

¿No suena eso mucho más personal?

Otra forma de hacer que el contenido promocional de tu marca sea más personal o atractivo es reemplazar las especificaciones o características técnicas del producto con los beneficios que ofrecen dichos productos y especificaciones. Por ejemplo, si estás vendiendo un automóvil, no te centres en identificar sus características técnicas clave como el «motor compatible con Euro-4», sino que di su beneficio como «un motor potente, respetuoso con el medio ambiente y eficiente en el consumo de combustible que puede obtener Usted a su destino más rápido por menos combustible».

Dentro y fuera

Hay dos tipos de mercadotecnia: entrante y saliente. La mercadotecnia entrante consiste en atraer compradores hacia tu negocio a través de anuncios o contenido de redes sociales. Les vendes a ellos después de que ellos han venido a ti. La mercadotecnia de salida se refiere a ir activamente a dónde están tus prospectos y venderles el producto, como es el caso de los vendedores por teléfono y correo electrónico.

Cuando se trata de mercadotecnia en redes sociales, complementa tu mercadotecnia principalmente entrante con algún tipo de mercadotecnia saliente, como mensajes de seguimiento a través de redes sociales o correo electrónico (si se unieron a tu lista de correo electrónico). Teniendo en cuenta que puedes hacerlo de forma gratuita con un rendimiento potencialmente enorme, es decir, ventas adicionales, te convendría utilizar las cuentas de redes sociales de tu marca no solo para atraer clientes sino también para perseguirlos. Solo recuerda que no debes ser agresivo, lo que significa que sería mejor hacer un seguimiento de los prospectos que ya respondieron a tu mercadotecnia de las redes sociales entrantes de una manera u otra, en lugar de acosar a personas que nunca antes han oído hablar de tu marca.

El contenido es importante

La clave para una mercadotecnia efectiva en las redes sociales es el compromiso, es decir, lograr que las personas tomen medidas con respecto al contenido de las redes sociales de tu marca, ya sea en forma de "me gusta", comentar o compartir comentarios. Y, obviamente, el tipo de compromiso más importante es la conversión o las ventas. Si tu marca ya tiene un sitio web, no seas complaciente y pienses que es suficiente. ¿Por qué?

El tráfico del sitio web es tan bueno como el compromiso que proporcionan. El desafío de involucrar a las personas a través de tu sitio web es que es prácticamente imposible involucrarlos a través de él porque, en su mayor parte, los sitios web de negocios son estáticos, es decir, no son capaces de responder o interactuar tan rápidamente con clientes potenciales y clientes como las redes sociales. Los sitios web son excelentes para la generación de contactos, de eso no hay duda. Pero incluso los contactos más interesados pueden desaparecer si no los involucras lo suficiente. Agregar un componente de redes sociales a tus esfuerzos de mercadotecnia, sin importar si es en línea o fuera de línea, le permitirá a tu marca involucrar a las personas de manera más efectiva y, con suerte, hará que más personas patrocinen tu marca a través de las compras.

Ahora, la cuenta de redes sociales de tu marca, incluso el sitio web de tu marca, no podrá proporcionar el compromiso necesario para vender si lo llenas con contenido aburrido e impersonal. Sin calidad y contenido atractivo, las personas no tendrán una razón para comprometerse con tu marca ni seguirla en las redes sociales. No compromiso, no ventas. Punto.

¡Diles lo que quieres, lo que realmente quieres!

No, niego categóricamente ser un fan de las Spice Girls. Es solo que hay algo acerca de las canciones pop que son muy pegajosas. Y da la casualidad de que la canción de

Wannabe es muy pegajosa. Y qué mejor manera de llamar a esta sección del capítulo que por una de sus líneas más reconocibles.

De acuerdo, lo que realmente quería decir en esta sección es lo siguiente: no olvides incluir un llamado a la acción en el contenido de las redes sociales de tu marca. ¿Y qué es un llamado a la acción? Les está diciendo en términos claros lo que tu quisieras que hicieran con respecto al contenido publicado. Algunas de las llamadas a la acción más comunes en las redes sociales que puedes haber encontrado con frecuencia incluyen:

- Haga clic en suscribirse;
- Síguenos en Facebook / Twitter / Instagram;
- Dale me gusta a nuestra página de Facebook;
- Haga clic en "me gusta"; y
- Haga clic aquí para saber más.

A menudo, las audiencias de las redes sociales no tienen ni idea de cómo reaccionar ante las publicaciones o están demasiado ocupadas para pensar en ello. Al incluir un llamado a la acción, puedes recordarles o darles una idea de las cosas que pueden hacer por tu marca que tu o tu marca apreciarán. Y cuando actúan en tu llamado a la acción, aumentas el compromiso de las redes sociales de tu marca y, en consecuencia, tus posibilidades de cerrar más ventas.

Trabaja de ambas formas

En su esencia, la mercadotecnia en las redes sociales se trata de una relación entre tu marca y tus clientes y prospectos. Y la mejor manera de evaluar si existe una relación de este tipo es relacionarse directamente con tus prospectos y clientes. Y las relaciones, al menos las genuinas, son bidireccionales, es decir, ambas partes se comunican entre sí. La comunicación unidireccional no cuenta como compromiso porque, francamente hablando, no hay interacción recíproca allí.

Una de las mejores maneras de practicar las comunicaciones bidireccionales en tus cuentas de redes sociales es mediante el reconocimiento de los comentarios positivos de tu audiencia o de tus seguidores. Puedes hacerlo comentando de nuevo con un agradecimiento. Otra forma es afirmando sus comentarios sobre tus publicaciones escribiendo algo como «Si lo sé o ¡tienes la razón!».

Las comunicaciones bidireccionales más importantes pueden ocurrir cuando alguien publica algo crítico o negativo sobre tu marca en su cuenta de redes sociales. Nunca reacciones con el mismo espíritu, emoción y tono de escritura en el que se publican los comentarios negativos. En su lugar, toma la iniciativa reconociendo primero tu preocupación diciendo algo como «Lamento escuchar eso» o "«Puedo imaginar por qué se siente así». Al reconocer esto, no validarás sus comentarios críticos o negativos sobre tu marca o publicación. Simplemente les estarás diciendo que no estás desechando la forma en que se sienten o que está diciendo que sus comentarios son tan lógicos como comer tierra en un caluroso día de verano. Y, en muchos casos, los impetuosos son desarmados cuando escuchan (o leen) que sus comentarios no fueron descartados fácilmente o cuando ven que sus opiniones fueron validadas, aunque no necesariamente aceptadas como verdaderas o exactas. Al hacerlo, también les demuestras a tu público que tu marca es elegante y profesional.

Octavo pillar: Cambiar constantemente

Esta es una industria y un momento en que la tecnología se está moviendo a la velocidad de la luz. Así que no te pongas tan cómodo. Uno de los errores más grandes que cometen los departamentos de mercadotecnia en las grandes empresas es que se sienten demasiado cómodos. Su enfoque actual está funcionando, ¿por qué cambiarlo? Eso es genial hasta que llega el día en que el enfoque actual deja de funcionar. ¿Por qué? Porque los tiempos cambian, las personas cambian y el mundo cambia.

Por lo tanto, tu enfoque de mercadotecnia debe cambiar con él. Si no estás constantemente mirando hacia el futuro, tu próximo negocio seguramente se extinguirá. Por eso es de vital importancia estar al tanto de las tendencias en todas las formas de medios (sociales y tradicionales). Lee los titulares, investigue, detecta las tendencias y adapta tu enfoque de mercadotecnia en consecuencia. No se puede comercializar en un vacío. Estás promocionando a personas reales en un mundo real, por lo que tu enfoque debe reflejar eso. Si las personas estuvieran promocionando cosas como lo hicieron en los tiempos de tus abuelos, las personas de hoy no tendrían ningún interés.

Esto no quiere decir que no haya reglas y pautas invariables a seguir. Las hay, pero tu contenido y enfoque deben cambiar tan rápido como lo hacen las tendencias. Dicho esto, estamos incluyendo algunas pautas generales que debes seguir independientemente de los cambios en las tendencias.

Frecuencia de publicación

Piensa con qué frecuencia publicarás contenido en las cuentas de redes sociales de tu marca. ¿Serán 3, 4 o 5 veces por semana? Es importante determinar esto desde el inicio para que ya puedas trazar tu calendario de publicación de contenido en tu calendario. Si no lo haces, es muy probable que olvides publicar regularmente en las cuentas de redes sociales de tu marca, lo que puede afectar significativamente tu capacidad para atraer constantemente a tus audiencias.

Tu frecuencia de publicación también puede ser muy útil en términos de subdividir partes relativamente grandes de contenido en otras más pequeñas, es decir, crear una serie de publicaciones al respecto. Hacerlo puede hacer que sea mucho más fácil para ti crear contenido atractivo.

Temas Generales

Tener en mente un tema o tema general para tu marca, producto o servicio puede reducir enormemente la necesidad de intercambiar ideas y pensar acerca de qué temas tratará el contenido futuro. Tomemos, por ejemplo, el sitio web https://sunbrightcouple.com. La página trata sobre vivir una vida hermosa incluso durante situaciones o temporadas muy difíciles. Las personas detrás de esto han identificado varios aspectos clave de la vida que contribuyen a la capacidad de la persona de vivir una vida hermosa independientemente de las relaciones, los ingresos, la salud y la preparación para el futuro.

Al conocer su tema principal y sus subtemas, la planificación del contenido se vuelve muy fácil para ellos porque ya conocen el tipo de contenido que crearán o compartirán (el contenido de otras personas) en su sitio web y página de Facebook (facebook.com/sunbrightcouple/) por lo que ya no tienen que intercambiar ideas sobre qué contenido publicarán. De todo lo que tienen que preocuparse es crear o buscar contenido de otras personas para que aparezca en su página de Facebook.

Automatización

Finalmente, la automatización resuelve el desafío de no tener "tiempo suficiente" para publicar con regularidad debido a horarios ocupados. Hay aplicaciones en Internet que puedes utilizar para publicar automáticamente contenido predeterminado o seleccionado en las cuentas de redes sociales de tu marca en tus tiempos predeterminados. A través de dichas aplicaciones, puedes programar aproximadamente una hora cada semana para crear o buscar contenido para publicar en la cuenta de redes sociales de tu marca durante toda la semana o el mes, programarlo en la aplicación, configurarlo y olvidarlo. La aplicación publicará automáticamente ese contenido en los sitios de redes sociales de tu marca. Ejemplos de estas aplicaciones son Agora Pulse y Hootsuite.

Bono (Crowdfunding)

¿Qué es el crowdfunding (financiamiento colectivo)?

El directorio de pequeñas empresas Manta envió una encuesta a sus lectores antes de un webinar sobre financiamiento colectivo. Una de las preguntas fue:

--¿Alguna vez consideraría el financiamiento colectivo como una fuente de fondos?

Menos del 3% de los encuestados respondieron que habían utilizado el financiamiento colectivo en el pasado y menos del 15% respondieron que considerarían obtener fondos de la nueva forma de financiamiento. Cuando se les preguntó por qué no considerarían el financiamiento colectivo, muchos dueños de negocios respondieron que no querían que los clientes los vieran necesitados, o que los clientes pensaran que su negocio estaba en problemas.

Dado el rápido aumento del crowdfunding a lo largo de los años hasta 2015, esta idea errónea generalizada de la fuente de financiamiento realmente nos hizo retroceder. Hay muchos mitos sobre el crowdfunding. Además de la idea de que es solo para los necesitados, la mayoría piensa que es simplemente otra fuente de financiamiento.

Joseph Hogue dice en su libro, Step by Step Crowdfunding,

--Recaudar dinero a través de una de las muchas plataformas en línea puede llevar a tu negocio al siguiente nivel, pero no es el mayor beneficio del crowdfunding. Crowdfunding se trata realmente de crear un sentido de comunidad en torno a un producto o una idea. Se trata de aprovisionar tu pasión y crear una multitud alrededor de tu negocio.

Jamie Roy dice en su Crowdfunding Recipe for Success:

--Crowdfunding ha estado en la lista de tendencias desde que obtuvo reconocimiento público hace un par de años. ¿Y por qué debería serlo? Ha hecho que la inversión en empresas nuevas y pequeñas empresas sea más accesible para las personas comunes. Es probable que este sea el motivo por el cual el crowdfunding es el furor de las personas en todos los niveles y grupos de edad. El mercado en auge de los servicios de promoción del financiamiento colectivo justifica qué tan grande es realmente el financiamiento colectivo.

Sin embargo, el crowdfunding ha sido cubierto con algunos debates en el pasado. Algunas personas no consideran que el financiamiento colectivo sea práctico. De hecho, algunos incluso irían tan lejos como para decir que el crowdfunding puede utilizarse para explotar y estafar a las personas con su dinero. Si bien existen algunos riesgos asociados con el crowdfunding, las ventajas que ofrece a las personas con una visión son incomparables.

Antes de aprender más sobre este tema, es imperativo comenzar con lo básico. Mucha gente no entiende qué es el crowdfunding en realidad y eso puede impedir que aprovechen tus ventajas. Así que aquí hay un significado conciso de crowdfunding para principiantes.

La multitud en crowdfunding se refiere a personas comunes y corrientes como tú y como yo. Toda la premisa de crowdfunding evoluciona alrededor de la gente común. Pero, ¿por qué es tan exitoso, te preguntas? Recaudar dinero de la gente no se trata realmente de tus objetivos comerciales o tu conocimiento del mercado, ni siquiera de las previsiones de tus productos: se trata de la confianza y la capacidad de entregar lo que tú dices que puedes. A las personas no les importa donar unos cuantos dólares a la caridad o prestarles a sus amigos otro par de dólares. Sin embargo, no es exactamente la misma situación cuando la cantidad involucrada es de miles de dólares.

Aquí es donde el crowdfunding realmente entra en juego. Puede ayudar a las pequeñas empresas o empresas de nueva creación a recaudar fondos para su próximo gran proyecto, lo que podría mejorar enormemente la vida de las personas. Lo hace conectando a una gran cantidad de personas donde pueden invertir libremente en productos y servicios innovadores que les interesen.

El crowdfunding también elimina los problemas técnicos y administrativos para aquellos que ejecutan campañas de crowdfunding, ya que las principales plataformas administran todo y brindan mucho apoyo a sus usuarios.

Si estás buscando una solución efectiva para impulsar tu proyecto de pasión, nada se acerca a la competencia del crowdfunding. El único inconveniente es que debes tener una gran campaña que atraiga a potenciales patrocinadores y los incite a respaldar tu campaña. Si tienes dudas sobre cómo te funcionaría esto, puedes consultar una agencia de publicidad en Londres. Son profesionales con todos los talentos, experiencia y medios necesarios para darle a tu campaña una ventaja muy valiosa.

Además, hoy en día hay muchas opciones para el crowdfunding. Eso lo hace todo mejor porque puedes elegir algo que funcione mejor para ti y tu producto. Por ejemplo, Kickstarter es uno de los pioneros y, por mucho, la plataforma de financiación colectiva más popular. La ventaja de kickstarter es que tiene MUCHOS usuarios. Realmente tendrás "multitudes" a tu disposición. El problema es que muchas personas quieren recaudar dinero allí, por lo que puede ser difícil que tu proyecto se haga visible. Por lo tanto, kickstarter es excelente si ya tienes algún tipo de base de fans que te pueda ayudar a mejorar el perfil y la popularidad de tu proyecto. Una vez que empiece moverse, realmente puede despegar y volverse viral.

Indiegogo es otra opción para más proyectos externos. Una de las ventajas aquí es que Indiegogo te permite mantener lo que hayas recaudado, incluso si no logras tu objetivo. Kickstarter no lo hace. Si no logras tu objetivo, no obtienes nada.

Tradicionalmente, la forma en que funciona el crowdfunding es que las personas invierten temprano en tu producto antes de que sea creado o desarrollado. Te brindan los fondos que necesitas para iniciar tu negocio y desarrollar el producto.

Entonces, ¿qué es lo que ellos ganan? Aparte del

sentido de comunidad y la emoción de ser parte de algo de vanguardia, la gente está comprando el producto. Y lo están obteniendo por un gran descuento. Por ejemplo, si tu proyecto es un nuevo tipo especial de binoculares y necesitas recaudar $ 10,000 para lanzar tu negocio y fabricar los productos, puede anunciar en el arranque inicial que si las personas invierten $10 en los binoculares, recibirán un par. Cuando realmente inicies el negocio, estarás vendiendo los binoculares por $20 para que las personas obtengan una buena oferta si invierten temprano y te ayuden a financiar el proyecto.

Otra opción que ofrecen algunas plataformas de financiación colectiva hace que sea mucho más parecido al capitalismo de riesgo. Las personas pueden financiar tu proyecto o negocio a cambio de capital en el negocio. Esto significa que se convertirán en propietario parcial. Esta es probablemente la mayor motivación de todas, si alguien cree en tu negocio, puede estar dispuesto a desembolsar grandes sumas y hacer que tu proyecto despegue si puede poseer una parte.

Como puedes ver, las opciones son ilimitadas y tiene muchas opciones aquí. Crowdfunding realmente es una forma de mercadotecnia en las redes sociales y puede crear una gran publicidad para tu negocio. Definitivamente vale la pena considerar dependiendo de tu producto/tipo de negocio.

Conclusión

La tecnología está cambiando nuestras vidas de muchas maneras. Formas que hace tan solo una generación eran producto de la imaginación. Por supuesto, el cambio más grande es el Internet, que prácticamente ha igualado el campo de juego, en términos de mercadotecnia, y también ha hecho que los negocios sean más competitivos que nunca.

Como aprendiste en este libro, la mercadotecnia en las redes sociales es una forma indirecta de venta, en comparación con la mercadotecnia tradicional, y atrae principalmente a clientes potenciales y clientes que utilizan contenido único y de alta calidad, lo que los hace sentir cada vez más conectados con productos y servicios. En particular con Facebook, la mercadotecnia en las redes sociales puede ayudarte a alcanzar más de tu mercado previsto a un costo significativamente menor que la mercadotecnia tradicional.

Para hacerlo con éxito, aprendimos que la mercadotecnia en las redes sociales debe dirigirse a tus clientes como individuos y hacer que se sientan valorados y comprometidos. Implica ideas más creativas y entretenidas que la mercadotecnia tradicional para realmente entusiasmar a las personas con tu marca y hacer que se conviertan no solo en un cliente, sino en un "fan" o "defensor" o "embajador" de tu marca. También implica un toque más personal y, por tanto, mayores grados de amistad y sociabilidad. Ganar la lealtad y la confianza de tus clientes es el objetivo final y las excelentes estrategias de mercadotecnia en las redes sociales pueden llevarte allí.

Francamente, en estos tiempos, simplemente no

puedes darse el lujo de no tener una presencia sólida de mercadotecnia en las redes sociales porque esta es la ola del futuro. ¡De hecho, el futuro ya está aquí!

No quiere decir que no quede valor en la mercadotecnia tradicional, pero la mercadotecnia en las redes sociales es solo un animal completamente diferente. Rompe todas las reglas y desafía todas las normas.

Una de las razones más importantes por las que la mayoría de las nuevas empresas fracasan es la incapacidad de llegar a su mercado previsto. Muchas empresas canalizan cientos de miles de dólares en métodos de mercadotecnia tradicionales para conectarse con un mercado ya saturado.

Si estás gastando más tiempo y dinero en publicidad pagada y publicidad tradicional, que en mercadotecnia en las redes sociales, fracasarás. Es así de simple. Incluso si crees que es una especie de moda pasajera temporal, necesitas llegar a un acuerdo con el hecho de que las redes sociales están aquí para quedarse, y es una fuerza poderosa a tener en cuenta. Los beneficios y recompensas tienen un potencial infinito, y el tiempo y el dinero que tienes para invertir es bajo. Los tiempos han cambiado, y esto es parte de la realidad en que vivimos ahora. Parte de dirigir un negocio exitoso es la adaptabilidad, así que siempre recuerda eso, incluso en tus estrategias de mercadotecnia en las redes sociales. Nunca te pongas demasiado cómodo.

Siempre debes estás preparado para adaptarte y atender a tus clientes en el siguiente nivel.

Este libro te ha armado con las herramientas y el "saber cómo hacerlo" que necesitas para actuar. No hay tiempo como el presente para comenzar a implementar estos 8 pilares y ver cómo transforman tu negocio.

www.ingramcontent.com/pod-product-compliance
Lightning Source LLC
Chambersburg PA
CBHW030651220526
45463CB00005B/1730